MW01253116

¡HIPNOSIS HOY!

¡HIPNOSIS HOY!

SABER * SOLTAR * SANAR

Reprográmate y mejora tu vida a través
de la Hipnosis de Sanación®

URANO
Argentina – Chile – Colombia – España
Estados Unidos – México – Perú – Uruguay

1.ª edición: junio 2022

Copyright © 2019 *by* Camila Martínez
© 2022 *by* Ediciones Urano, S.A.U.
Plaza de los Reyes Magos, 8, piso 1.º C y D – 28007 Madrid
www.edicionesurano.com
Copyright © 2022 *by* Ediciones Urano México, S.A. de C.V.
Ave. Insurgentes Sur 1722-3er piso. Col. Florida
Ciudad de México, 01030. México.
www.edicionesuranomexico.com

ISBN: 978-607-748-466-0

Fotocomposición: Ediciones Urano, S.A.U.
Impreso por Litográfica Ingramex, S.A. de C.V.
Centeno 162-1. Col. Granjas Esmeralda. Ciudad de México. 09810.

Impreso en México – *Printed in Mexico*

ÍNDICE

PRÓLOGO

Un Hombre-Mujer Medicina es aquél que encuentra *cómo* todo confabula hacia su evolución y descubre y práctica el arte de regresar a la armonía, utilizando las fuerzas de la naturaleza y el cosmos, realizando la unidad con todo lo existente en comunión con el Gran Espíritu.

Conocí a Camila a sus dieciocho años. Era una joven con muchas inquietudes, con una energía muy especial y con una entrega total en la búsqueda de darle sentido a su vida. De inmediato constaté que estaba frente a un espíritu mayor, de esos que aparecen en momentos cruciales para la humanidad y que vienen a realizar una misión peculiar, trayendo un mensaje nuevo, o tal vez olvidado.

En nuestras pláticas, yo insistía en la necesidad de que encontrara un camino con corazón, un rumbo que le diera sentido y naciera desde su interior, que la hiciera sensible, feliz y útil, y que pudiera transmitirlo a otros seres con quienes tuviera contacto.

Con esa entrega que la caracteriza, Camila encontró su verdadera vocación: se permitió sentir y su espíritu floreció a través del estudio y la práctica de la medicina. Aprendió herbolaria, el uso de las flores de Bach, biomagnetismo y meditación; gracias al manejo de la energía a través de una disciplina constante en la práctica del yoga y, en ceremonias, despertó su memoria ancestral con la ayuda de los abuelos de América.

En este pequeño, pero grandioso libro, Camila no solo hace un excelente recorrido histórico de la hipnosis y de los conocimientos que se tienen desde la antigüedad, plasmándolos de una manera sencilla y profunda; sino que, además, nos regala un método personal de hipnosis, nacido de su experiencia, para permitirnos viajar por un mundo fascinante y experimentar nuevas facetas profundas de nuestro ser. Al poder abrir nuestro subconsciente es posible descubrir todo aquello que allí se ha guardado y sanar aquellas situaciones que nos hayan provocado traumas o enfermedades, dejándolas ir. Es una gran herramienta para explorar nuestras capacidades de introspección y sanación.

Ayudar a recuperar la salud es obra divina.

EDUARDO DE GUADALUPE

INTRODUCCIÓN
Mi *Sankalpa*

¿Te has preguntado alguna vez quién te puso aquí, en tu cuerpo y con tu vida? ¿Tienes una misión? ¿Tiene sentido vivir? Con esas interrogantes caminé durante años en un laberinto del que no podía salir ni hallar respuestas.

A mis 18 años vivía una anorexia profunda que llevaba tres años sin poder superar. Llegué a pesar 39 kilos. Mis padres estaban angustiados porque la enfermedad, que causaba estragos en mi salud, parecía no tener fin.

Todo empezó con un viaje de intercambio que me infundió muchos miedos e inseguridades. Experimenté un frío tan intenso y constante durante seis meses, que la depresión me fue hundiendo. Al final del viaje estaba enojada y en permanente disgusto con todo. Fue entonces que comencé a cuestionarme muchas cosas desde la mirada del desagrado y la tristeza: quién era yo y quién me había metido aquí, atrapada en este cuerpo. En ese momento no encontraba ninguna respuesta que apaciguara mi estado de confusión.

Ya de regreso en Chile, empecé una dieta con amigas como parte de un juego. Estaba muy vulnerable y llegué a un punto en el que, casi sin darme cuenta, la dieta me debilitó y ya no pude levantarme. Perdí la noción del hambre y las cantidades. Mi vida giraba exclusivamente en torno al consumo de calorías y entonces mi depresión se agudizó.

Iba a la escuela, pero mi peso y falta de energía poco a poco hicieron imposible que terminara mis estudios de forma presencial. Me aislé del mundo. La vida no parecía tener sentido. Me daba igual vivir o morir. Tenía un intenso pesar de verme postrada; pasé de ser una joven activa, deportista y con muchos amigos, a ser una persona amargada y obsesionada con los alimentos.

Acudí a gran cantidad de médicos especialistas y psiquiatras, quienes me recetaron diversidad de medicamentos, antidepresivos y calmantes. Sin embargo, al tomarlos solo me sentía inhabilitada y no conseguía ningún resultado. Decidí dejarlos. Muchas veces llegué incluso a mentirle a los doctores y a mis padres; les decía que me estaba sintiendo bien, aunque en realidad, era todo lo contrario.

Durante todos esos años la única certeza que tenía, entre tanta confusión, era que yo misma me había llevado a ese punto y que solo yo me podía sacar de ahí. Así que, en medio de mi anorexia, llegué a mi primer retiro de meditación en el Valle del Elqui, a unas cinco horas de Santiago de Chile, mi ciudad natal.

Vipassana es un retiro en donde pasas diez días en silencio. Fui pensando que sería un proceso lleno de paz y de todo aquello que yo idealizaba como un encuentro con mi ser interior. Sin embargo, observarme por primera vez fue todo menos lo que llamaba «experiencia espiritual».

Habían pasado apenas dos días y mi ansiedad ya era insoportable. No solo la provocaba el dolor en todo mi cuerpo, que crecía minuto a minuto, sino también las preguntas apremiantes en mi interior que aún no tenían respuesta.

El dolor físico y emocional eran más fuertes que yo y poco a poco me dominaban. Toda sensación extrema se tornaba en una excusa perfecta para mi mente: quería salir corriendo. Empecé a perder el control y apenas podía moverme. Muchas veces me encontré llorando de desesperación. Intenté pedir ayuda a mi guía de meditación, la única persona con quien podía hablar durante esos diez días y quien me respondió con una mirada firme y una voz serena: «Nada es permanente, todo cambia, observa».

¿A qué se refería? ¿Acaso no percibía la angustia en mi voz? El dolor físico era igual de agobiante y real al que sentía en el alma. Comencé a observar con detalle las manifestaciones de mi mente en mi organismo y empecé a experimentar una disociación en el cuerpo, como si me encontrara un metro más arriba.

Mis pensamientos durante las horas de meditación diurnas se transformaron en sueños lúcidos y premonitorios durante la noche que, a su vez, veía con intensa claridad. Esa profunda conexión con los sueños me recordaba a mi infancia, cuando mi padre les daba especial importancia a los sueños cada mañana y los repasábamos y comentábamos en el desayuno.

Los días pasaron y llegó el día nueve. Tal como lo anticipó mi guía, esa mañana el dolor que me había acompañado por años se fue para siempre. En ese momento mis lágrimas ya no eran de dolor, sino de esperanza. Sabía que, si había sido capaz de sentarme a observar profundamente mi dolor físico, emocional y mental, este eventualmente cambiaría. Me conecté por primera vez con una parte de mí que nunca había experimentado y algo profundo cambió, logré experimentar una posibilidad.

Escuché la respiración de las plantas, sentí el latido de las montañas, pero lo más importante fue que me encontré por primera vez en completa interconexión con todo. Sentí que había encontrado la llave para abrir las rejas de mi propia prisión. Me di cuenta de que era víctima de mis pensamientos y que eso podía cambiar. Entonces continué la búsqueda sabiendo que las respuestas se encontraban dentro y no afuera.

De la oscuridad a la luz

Decidí probar el yoga como una alternativa de introspección para continuar con mi proceso de sanación. En mi familia, de origen multicultural, mi abuela y mi madre lo practicaban. Fue así como llegué a Corina, mi primera maestra de yoga y vecina de edad avanzada, con quien comencé a practicar y a leer distintos libros iluminadores como *Autobiografía de un Yogui* y *Urgencia por la Libertad* de Vimala Thakar, entre otros que, durante mi proceso, me llevaron a cuestionar e indagar sobre mi concepción acerca de la vida y, sin pensarlo, a crear mi propia cosmovisión.

Entonces, puse manos a la obra en llevar una disciplina personal: generé un *Sadhana*, o una práctica en la cual todos los días meditaba, hacía yoga, respiraba conscientemente y cocinaba mis propios alimentos. El descubrimiento de una autodisciplina cotidiana de bienestar fue lo que, con el tiempo, la práctica y perseverancia, me ayudó a salir de la anorexia.

Por esa época conocí a Eduardo De Guadalupe, mi querido Lalo, un hombre de medicina de México. Lalo me enseñó herbolaria, medicina tradicional y, lo más importante, me mostró el «Camino del Corazón», una enseñanza que solo se transmite de forma oral y a través de energía, por lo que le estaré siempre agradecida.

Lalo se convirtió en mi maestro. Ponía gran énfasis en explorar los sueños, sanar y descubrir desde el amor. En mis períodos de crisis y durante la anorexia, comprendí la existencia de la sombra, la oscuridad o los espacios negativos que tienen una fuerza muy particular, en los que uno puede decidir quedarse y operar desde esa energía.

Recuerdo un retiro con Lalo en el que pedí con fuerzas que se reconstruyera mi corazón que sentía destruido. A cambio, recibí uno nuevo. Lalo me ayudó a descubrir que mi camino es el del corazón y, desde entonces, he decidido actuar desde ahí. No dudo de mi camino ni un segundo.

Poco a poco fui profundizando en la técnica de *Yoga Nidra*, la relajación consciente, que resultó ser tremendamente sanadora, además de ser mi puerta a la filosofía védica: mi entrada a experimentar las vidas pasadas y dimensiones, a las cuales accedía de forma espontánea y sin mayor comprensión.

A mis 20 años desperté un día con una certeza intuitiva: debía compartir mi experiencia de vida y ayudar a los demás a sanar. Mi propia enfermedad y mi curación habían resultado ser mis grandes maestras, mis gurús, y mis guías de la oscuridad a la luz.

En ese momento estudiaba sociología, una carrera que había escogido porque quería ayudar a la gente. Me gustaba mucho, pero sentía que necesitaba algo más cercano a las personas para asistir a otros a sanar como lo había hecho yo. Ese mismo día decidí abandonar mi carrera universitaria y partí a estudiar a India.

Como la filosofía del yoga, o védica, era la cosmovisión que me había ayudado, sabía que podía aprender a fondo esos procesos en su cuna. Quería saber muy bien de dónde venían, cómo eran sus técnicas y, sobre todo, cómo aplicarlas.

Por supuesto que mis padres enloquecieron con mi determinación. No concebían la vida sin una educación y un trabajo «normal» o tradicionalmente aceptado. Aun así, dejé atrás a mi familia y a un país tan remoto como Chile para irme al otro lado del mundo. Pese a no estar de acuerdo, conté con su bendición y me fui con la alegría de haber encontrado una motivación en mi vida. No sabía qué iba a encontrar, pero nunca había experimentado esa claridad intuitiva. Simplemente sabía que era el camino correcto para mí.

Era el año 2003. Estaba sentada a orillas del río Ganges sobre una colina en la Bihar School of Yoga en el norte de India, mi monasterio. Salía el sol del amanecer más grande y redondo que había visto en toda mi vida. En ese momento recibí una firme determinación. No era un pensamiento, era una certeza de mi corazón, era mi *Sankalpa*, el mismo que vivo hasta hoy:

«*Transmitir amor, sabiduría y sanación a todos los seres*».

Una de las grandes enseñanzas que recibí del estudio de la filosofía del yoga fue la importancia del *Sankalpa*, una intención clara que te guía en coherencia con tu *Dharma* o misión de vida. El *Sankalpa* no solo da paz mental y coherencia espiritual, también nos hace confiar en las sincronías. Estos son los eventos y situaciones en los cuales hay un sentido y propósito claro que uno podría considerar «coincidencia». Por ejemplo, encontrarte con una persona conocida en alguna parte aleatoria del mundo o hallar un significado a una imagen o símbolo que te da una luz de hacia dónde seguir. En otras palabras, son cosas que te ayudan en tu camino, que pueden haber estado ahí siempre, pero que, cuando confías en tu *Sankalpa*, las ves con mucha claridad porque ahora tienen un significado, y desde esta perspectiva dejan de ser coincidencias: son sincronías.

Las innovadoras técnicas de programación neurolingüística que tanto están en boga ya habían sido propuestas y estudiadas en profundidad hace miles, sí, ¡miles de años!

Fue así como, a pesar de encontrarme en un lugar muy remoto, un día en el monasterio recibí una invitación inesperada a mi primer curso con Brian Weiss en Estados Unidos. No sabía quién era y jamás había leído ni escuchado de él, pero intuí que sus enseñanzas eran el eslabón perdido para comprender mis experiencias.

Jamás imaginé que Carole y Brian Weiss se convertirían en mis mentores en la hipnosis terapéutica, a cuyo estudio y aprendizaje he dedicado años de mi vida. Estoy infinitamente agradecida con ellos.

Con mucha paciencia y práctica, mediante la hipnosis, logré atar muchos cabos sueltos en mi proceso de cura e introspección, a través de la memoria de esta y otras vidas, así como la exploración de otros espacios y dimensiones. Entendí y modifiqué muchos de mis condicionamientos, y continué este viaje interminable en la consciencia.

¡Mi forma de ver la sanación cambió una vez más! Mi salvación, como intuía en los peores momentos, siempre estuvo en mis manos y el camino, aunque a veces difícil, sería hacia el interior; mágico, amoroso y lleno de luz.

Estas sincronías y lecturas de señales me llevaron a aprender en diferentes partes del mundo manifestando mis sueños. Me transformé en empresaria, productora, emprendedora y terapeuta a muy temprana edad y, escuchando mi intuición, llegué a México en el año 2009.

Siempre he sentido que entre México e India hay una conexión especial: un respeto y cuidado a la cultura y a la sabiduría ancestral que me llama poderosamente la atención. Aquí continué estudiando y ejerciendo, integrando el aprendizaje que mentores y pacientes en distintas partes del mundo me enseñan honrándome con su confianza.

Mi experiencia personal de sanación, años de práctica como yogui, terapeuta especializada en hipnosis y terapias complementarias me han llevado a escribir este libro que hoy comparto contigo. Las siguientes páginas son una guía práctica que te permitirá entender qué es la hipnosis, de dónde viene y cómo la puedes utilizar para sanar enfermedades, desequilibrios, hábitos o patrones que afectan tu salud y bienestar. Tras dos décadas de práctica desarrollé la técnica «Hipnosis de Sanación®», que consiste en 9 simples pasos, para recordar juntos la infinita capacidad de reprogramar nuestra percepción y creencias.

Casi siempre los síntomas tienen una intuición asociada, la cual nadie nos ha enseñado a escuchar y valorar. Al contrario, nuestra relación con el síntoma suele ser quitarlo, creyendo que así sanamos el desbalance o la enfermedad. Muchas veces vivimos por varios años, incluso la vida entera, con un síntoma, relacionándonos con él desde la negación.

La Hipnosis de Sanación® te permite entender tus síntomas dentro de la complejidad del todo, relacionarte y hablar con ellos, y, desde ahí, hacer cambios profundos.

Sé que tú también puedes desarrollar tu capacidad de sanar y disfrutar el presente desde una alineación genuina con tu misión.

Transmitir amor, sabiduría y sanación a todos los seres, ese es mi *Sankalpa*.

Con profundo agradecimiento,
Camila.

CAPÍTULO I

LA HIPNOSIS

¿Qué piensas cuando alguien te habla de hipnosis? ¿Utilizas la palabra «hipnotizado» para describir un estado fuera de tu control? ¿O para describir a alguien que ha concedido su voluntad a otra persona?

Sin duda, la hipnosis y otras técnicas de «control mental» que han sido utilizadas para espectáculos de entretenimiento poco han aportado en nuestra compresión de este fenómeno y su potencial. Agreguemos los paradigmas culturales y religiosos con los cuales hemos crecido y que probablemente nos han llevado a concebir la hipnosis como algo peligroso, prohibido, esotérico y misterioso, solo por dar algunos ejemplos.

Como ya se mencionó antes, el objetivo de este libro es explicarte qué es, cómo funciona y para qué sirve la hipnosis. Y presentarte la técnica «Hipnosis de Sanación®» para que comiences a utilizar tu capacidad de neuroprogramación consciente a partir de hoy.

¿Qué es la hipnosis?

Podríamos describir la hipnosis como un estado de atención focalizada que nos permite conocer, integrar y sanar.

La palabra *hipnosis* proviene del griego «hypnos», que significa sueños. A continuación, en la historia de esta técnica, veremos que tiene una conexión de significados con el campo onírico.

Dentro de dicho estado de atención focalizada, diferente al sueño y a la meditación, nuestra concentración interna es más intensa de lo normal y se caracteriza por la reducción de la consciencia periférica.

¿Por qué es diferente al sueño? Durante la hipnosis no estás dormido, no pierdes la consciencia y, sobre todo, hay una tremenda claridad en la interpretación de los simbolismos del subconsciente. Se diferencia, además, de la meditación en que busca establecer un observador, ya que la hipnosis tiene un objetivo terapéutico que genera una experiencia y una actividad neurobiológica distinta que culmina en un proceso de neuroplasticidad, la cual explicaré más adelante.

Existen muchas formas de definir la hipnosis. A mí me gusta describirla como una capacidad intrínseca del ser humano que nos permite explorar la memoria, comprender diversos aspectos del subconsciente y reinterpretar creencias, para hacernos más adaptables, flexibles y sanos.

Definiciones de hipnosis

Toda hipnosis
es autohipnosis.

Estado de atención
focalizada que nos
permite conocer,
integrar y sanar.

Es un fenómeno
psicológico y
neurofisiológico.

Es diferente al sueño, a
la meditación y a la
relajación porque tiene
un objetivo terapéutico.

Podemos llegar a ella
de forma espontánea o
voluntaria a través de
inductores externos,
como un operador.

Es una capacidad de
concentración e
introspección
receptiva, y de baja
atención periférica.

Estado de absorción
interno que se
caracteriza por una
disociación de la
percepción y una alta
sugestibilidad.

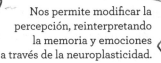

Nos permite modificar la
percepción, reinterpretando
la memoria y emociones
a través de la neuroplasticidad.

La Hipnosis de Sanación® es tu
capacidad y técnica de
neuroprogramación consciente.

Toda hipnosis es autohipnosis

La hipnosis no es un poder que alguien posee sobre tu voluntad, por lo tanto, requiere de un consentimiento y consenso previo. Tampoco tiene riesgos y, aunque algunos le temen a no poder salir de lo que describen como un estado de limbo, esto es un mito. Durante una hipnosis lo peor que puede suceder es que te quedes dormido o no llegues al estado de trance.

La hipnosis es recomendable para personas de todas las edades, desde la infancia hasta la vejez, y la única precaución que debemos tomar en cuenta es que, si estás en tratamiento psiquiátrico y tomando medicación, es mejor consultar a tu profesional de cabecera antes de utilizar esta técnica para no interferir en tu tratamiento.

Para llegar a un estado de trance hipnótico necesitamos primero llegar a un estado de relajación consciente, previo al sueño, seguido de una concentración focalizada. Este estado nos permite una disociación en la percepción y una clara observación de la memoria, emociones y patrones. Es allí donde somos más sensibles a una sugestión terapéutica, a través de la cual podemos llegar a la sanación de aquello que no reconocemos, recordamos u observamos en una consciencia ordinaria.

A mis pacientes suelo explicarles que, durante la práctica de Hipnosis de Sanación®, activamos al consciente y subconsciente a la vez, de manera que entre ambos pueda darse una dialéctica, una comunicación y una integración que permite la creación de nuevas redes neuronales, lo que llamamos «neuroprogramación».

«La Hipnosis de Sanación® es tu capacidad de neuroprogramación consciente».

¿Cómo llegamos a ese estado de consciencia?

Primero necesitas definir a tu operador e inductor. En Hipnosis de Sanación® llamamos «operador» tanto al practicante de autohipnosis, como al facilitador que permite a un paciente acceder al trance hipnótico. El operador puede utilizar métodos de inducción internos o externos.

Si vas a practicar la Hipnosis de Sanación® de forma individual, puedes utilizar un inductor interno como tu propia capacidad de focalización a través de cualquiera de los sentidos de percepción, o bien, un inductor externo como uno de los audios gratuitos de nuestra escuela o alguna visualización o estímulo que te permita acceder al estado de trance a través de los 9 pasos que te explicaré más adelante.

Por otra parte, si tu práctica va a ser con un facilitador, terapeuta o médico como operador externo, entonces probablemente elegirán en conjunto el mejor método de inducción para ti como paciente. Más adelante definiremos algunas de estas técnicas de inducción.

Modelo de Hipnosis

Operador – Inductor

OPERADOR INTERNO

El operador es el practicante o facilitador de la hipnosis. Cuando el operador utiliza un inductor interno, entonces hace uso de su propia capacidad de concentración focalizada.

OPERADOR EXTERNO

El operador externo es el facilitador o terapeuta que utiliza una técnica de inducción a la hipnosis con un paciente. Con esto queremos reforzar que en la Hipnosis de Sanación® nadie te controla, llegas a la neuroprogramación consciente a través de tu libre albedrío.

INDUCTOR EXTERNO

Un inductor es la técnica o proceso a través del cual accedes a la hipnosis.
Cuando el operador utiliza un inductor externo, hablamos de un audio u otra herramienta sensorial que le permita entrar al trance.

Te recomiendo
comenzar a
practicar hoy la
Hipnosis de
Sanación® a través
de estos audios
gratuitos en
Spotify y YouTube

«La Hipnosis de Sanación® atraviesa el tiempo, la imaginación atraviesa el espacio, es por eso que su práctica es multidimensional».

«La hipnosis te permite cocrear tu realidad».

Más allá del mito...

Muchos mitos se han tejido en torno a la hipnosis. Aunque sus beneficios son sorprendentes, no es un acto de magia, ni los terapeutas son poseedores de dones excepcionales o varitas mágicas para hipnotizarte.

Cuando la relación consciente-subconsciente se logra a través de la hipnosis, es posible recordar, integrar, analizar y cambiar las formas de percibir un acontecimiento que nos ha marcado negativamente, tales como traumas, enfermedades y fobias. Podemos reinterpretar dicho episodio a través de la atribución de un nuevo significado. Esa experiencia, por ende, puede transformarse incluso en una enseñanza, en sabiduría.

De igual forma, cuando hablamos de soltar emociones, duelos, cerrar ciclos o dejar ir, nos referimos a la posibilidad de modificar nuestra percepción de la realidad, de cómo nos sentimos. Esto es lo que hoy conocemos como «neuroplasticidad» o «neuroprogramación», la posibilidad de cambiar y crear nuevos patrones neuronales.

¿Cómo se forman estos patrones neuronales? Cada hábito y reacción automática a un estímulo corresponde a un patrón neurológico específico que ha sido creado en una persona de forma particular con base en sus memorias e interpretación de las mismas, lo que llamamos creencias.

Por ejemplo: una persona que constantemente padeció violencia en su infancia, es probable que genere una tendencia de miedo o una repetición de la experiencia. Esto quiere decir que, ante cualquier situación que le recuerde a su infancia, generará una reacción automática de miedo o violencia. Esa tendencia es un patrón neurológico que a su vez generó una creencia de base que condiciona su percepción, emociones y reacciones.

La buena noticia es que tenemos la capacidad neurofisiológica de modificar la automaticidad o programación de nuestra memoria y sus creencias. Modificando la percepción permitimos la sanación física, mental, emocional y espiritual de condicionamientos que puedan corresponder a memorias incluso ancestrales.

En la actualidad, la ciencia ha comprobado que la hipnosis es un fenómeno psicológico y neurofisiológico. Es decir, tiene soporte en el ámbito científico y encuentra su marco teórico en ramas de la psicología, física cuántica y neurobiología.

«La hipnosis modifica las reacciones y hábitos automáticos».

¿Quiénes somos hipnotizables?

En esencia todas las personas somos hipnotizables, pero en dos tercios de la población se presenta una «hipnotizabilidad» mayor. ¿Por qué hay un tercio al que no se le puede hipnotizar con facilidad? ¿Por qué no todos tenemos facilidad para entrar en trance?

La percepción interna es la clave. Hay dos factores que predeterminan esta percepción: el primero de ellos, aunque en menor proporción de influencia, es de carácter genético y se le atribuye específicamente a los genes responsables de producir catecol y equilibrar la dopamina, los cuales controlan la capacidad de concentrarse y focalizarse en un determinado elemento. Lo vemos en las personas que logran abstraerse en actividades que les generan interés, como leer un libro o ver una película. Estas personas son altamente sugestionables.

El segundo elemento es el cortisol, un neurotransmisor, mejor conocido como la hormona del estrés. Diversos estudios, como los del doctor David Spiegel de la Universidad de Stanford, comprobaron que los seres humanos con altos niveles de cortisol son menos susceptibles a ser hipnotizados. Si una persona sufrió altos niveles de estrés y tuvo experiencias traumáticas en sus primeros cuatro a siete años de vida, es probable que haya desarrollado un cerebro en permanente estado de alerta y, en consecuencia, con altos niveles de cortisol, a diferencia de las personas que desde su infancia desarrollaron bajos niveles de cortisol y tienden a alcanzar los estados de trance sin mayores esfuerzos.

La neurociencia corroboró que los porcentajes de dos tercios o un tercio no son, en sí mismos, reglas permanentes de «hipnotizabilidad» y, si se trabajan adecuadamente a través de la práctica, incluso pueden modificarse.

En consecuencia, si tienes dificultad para entrar en el estado de trance, probablemente no depende del operador o de tu propia capacidad, sino más bien de que necesites seguir practicando para ir paulatinamente bajando los niveles de cortisol y, por lo tanto, de estrés. Además, en dichos casos, variar o combinar las técnicas de relajación e inducción te ayudará a facilitar el acceso al trance.

La idea es que veamos la hipnosis como una capacidad de autosanación que todos podemos desarrollar.

Anatomía de la hipnosis

¿Cómo funciona nuestro cerebro mientras estamos conscientes o despiertos?

Cuando estamos despiertos nuestro cerebro percibe los estímulos a través de los sentidos, los procesa en el córtex parietal somatosensorial desde los espacios laterales y posteriores, y, a continuación, actúa, controla, y discierne, principalmente mediante los lóbulos frontales.

La maravillosa premisa de la hipnosis es que podemos modificar cómo son percibidos los estímulos en la parte lateral y posterior del cerebro, y resignificarlos en la parte frontal. Así tenemos la posibilidad de una nueva decisión ante las percepciones, lo que hoy la ciencia denomina como «neuroplasticidad».

Con estas reinterpretaciones podemos dar nuevas lecturas al dolor y a la memoria, así como a cualquier percepción que nos impida avanzar en nuestras vidas, confiriendo una connotación distinta a ese estímulo.

Comparando estudios científicos que analizan nuestro cerebro durante la hipnosis, es viable observar patrones en la neurobiología de este fenómeno.

En general, la hipnosis disminuye la actividad de la corteza prefrontal, resultando en un menor juicio y control, aumentando la actividad en los córtex parietal y temporal (encargados de la interpretación de los sentidos y la memoria), así como en la amígdala cerebral que interpreta las emociones. También disminuye la actividad en la ínsula, la parte del cerebro que controla nuestras funciones motoras.

Cuáles serán las zonas del cerebro que puedan incrementar o disminuir su actividad, dependerá del caso específico de cada persona y del tipo de experiencia que tenga.

Neurobiología de la hipnosis

ÍNSULA
Controla nuestras funciones motoras y somatosensoriales; su actividad disminuye durante la hipnosis.

CÓRTEX PARIETAL
Encargado de la interpretación de los sentidos, de la percepción, con relación a la memoria; su actividad se incrementa y se reprograma durante la hipnosis.

CORTEZA PREFRONTAL
Encargada del juicio, reacción y control; su actividad disminuye durante la hipnosis.

CÓRTEX TEMPORAL
Encargado de las funciones de los sentidos como el lenguaje, la audición y el reconocimiento visual; su actividad se incrementa durante la hipnosis.

AMÍGDALA CEREBRAL
Controla e interpreta gran parte de las emociones; su actividad se incrementa durante la hipnosis generando un estado de balance y descarga emocional.

Se genera así una disociación de la dialéctica automática existente entre la parte posterior y frontal del cerebro, buscando que, a través de una nueva lectura, se llegue a una percepción diferente.

Con la hipnosis se logran activar nuevas redes neuronales y surgen conexiones inéditas ante los mismos estímulos que nos permiten el control prefrontal límbico y variar las interpretaciones sensomotoras del dolor.

Se da entonces, en la hipnosis, un descenso en los niveles de cortisol que controlan el estrés, y aumentan los niveles de dopamina, neurotransmisor o mensajero que activa las sensaciones de placer y bienestar, permitiendo un estado de mayor balance y tranquilidad.

Beneficios de la hipnosis

Los beneficios de esta práctica se dan en todos los aspectos del ser humano. Algunos de ellos son:

- Recordar.
- Reordenar y reprogramar la memoria.
- Sanar traumas y fobias.
- Sanar malos hábitos y adicciones.
- Modificar condicionamientos, patrones, tics y desórdenes.
- Bajar los niveles de cortisol, balanceando el sistema nervioso.
- Diagnóstico profundo de enfermedades agudas y crónicas.
- Modificar síntomas físicos, psicológicos, energéticos y espirituales para el desarrollo de nuevas habilidades psíquicas.

- Bajar el dolor crónico.
- Controlar condiciones como insomnio, estrés, ataques de pánico o ansiedad.
- Soltar emociones y energías negativas, miedos, recuerdos y cargas.
- Cerrar ciclos emocionales, tanatológicos, físicos o energéticos.
- Programar la intención, programación neurolingüística.
- Neuroplasticidad, creación de nuevas conexiones neurofisiológicas.
- Conectar con la información de la memoria del alma, encontrar un sentido o propósito que te dé coherencia y dicha de vivir, entre otros beneficios.

El manejo del dolor es uno de los beneficios más estudiados y, gracias a la investigación de la neurobiología de la hipnosis, hoy sabemos que la interpretación del cerebro es lo que determina la intensidad del dolor.

La hipnosis nos ofrece también un nuevo lenguaje para resignificar nuestros pensamientos, activando, reinterpretando y desactivando espacios de nuestra neurobiología para alcanzar mayor bienestar, inteligencia emocional, salud mental y física, así como desarrollo espiritual.

A través de la hipnosis, el subconsciente nunca nos presentará algo que no estemos listos para sanar y, por ende, siempre nos protegerá. ¿Por qué? Porque el subconsciente es esta parte que nos conecta con nuestra memoria más primitiva y si este necesita revivir algo traumático para soltar y perdonar, lo recordará. Si nos lleva a un espacio de la memoria es porque necesitamos recordar y observar eso que nos causa conflicto, que en el presente nos condiciona y que podemos reinterpretar. El subconsciente está siempre operando como protector, ayudándonos a sobrevivir y a ser funcionales.

Muchas veces no tenemos que acceder a la memoria para sanar, sino que simplemente necesitamos soltar, perdonar, reconectar y tomar consciencia desde un espacio emocional, energético o psicosomático. Para ello es muy útil la Hipnosis de Sanación® como técnica de neuroprogramación consciente tras la cual recuerdas e integras tu experiencia, resonando las nuevas creencias y redes neuronales.

Finalmente, alcanzar resultados y una nueva neuroprogramación depende de la práctica constante, la paciencia y la voluntad de sanar.

Durante la Hipnosis de Sanación® observamos que somos cocreadores de frecuencias a partir de nuestra intuición, intención, imaginación, sueño, pensamiento, emoción y acción. Vamos manifestando y plasmando en un proceso de cristalización y evaporación, donde nada muere; todo cambia en permanente interconexión. Si agregamos la consciencia a esta ecuación, estamos experimentando nuestra capacidad de neuroplasticidad.

RECUERDA LOS BENEFICIOS DE LA HIPNOSIS	
Encontrar un sentido, misión o propósito.	Soltar emociones, energía y cargas psicosomáticas.
Recordar y reprogramar la memoria.	Controlar insomnio, ataques de pánico, ansiedad y obsesiones.
Modificar condicionamientos, patrones y creencias.	Sanar síntomas y condiciones físicas, emocionales, energéticas y espirituales.

Balance del sistema nervioso, reducción de estrés.	Neuroplasticidad, creación de nuevas conexiones neurofisiológicas.
Manejo del dolor crónico y agudo.	Diagnóstico profundo de factores o causas de una condición o enfermedad.
Soltar miedos y cerrar ciclos.	Conectar con el alma; una consciencia con memoria que va más allá del cuerpo y que te ayuda a encontrar un sentido o coherencia y dicha.

Caso 1: Voluntad y perseverancia

दृढता इच्छाशक्तिश्च।

Nota de la autora: Todos los casos que pongo en estas páginas son verídicos y tengo el permiso para publicarlos de todas las personas involucradas en ellos. Les agradezco infinitamente su colaboración para enriquecer este libro.

Ravi Ganatra

El caso de Ravi nos muestra que para muchas personas las prácticas de hipnosis e introspección pueden ser más difíciles en un inicio. Sin embargo, con determinación y perseverancia, eventualmente todos podemos conseguir la sanación.

Conocí a Ravi a sus 30 años. A pesar de tener una carrera marcada por múltiples logros, sentía un profundo vacío dentro de sí. Su niñez no fue fácil. Con tan solo tres años tuvo que enfrentar una de las pérdidas más grandes en su vida: la muerte de su madre, situación que le generó un profundo dolor que parecía insuperable y altos niveles de estrés. Su padre volvió a casarse unos años más tarde y Ravi logró adaptarse con el tiempo. Así que vivió su infancia dentro de una familia unida.

Para Ravi, la familia fue un espacio de amor que le permitió salir adelante. En su camino hacia el éxito hubo grandes sacrificios, disciplina y, por supuesto, largas horas de trabajo que le provocaron también mucho estrés. Al final, el sacrificio valió la pena, y la recompensa a ese gran esfuerzo llegó para él y para sus padres, ya que Ravi se convirtió en un gran empresario de la ciudad de Mumbai, India.

Sin embargo, el éxito económico no era suficiente. El sentimiento de soledad y abandono eran constantes a pesar de estar rodeado de amor. Durante muchos años, intentó buscar respuestas dentro de su memoria a preguntas que parecían difíciles de articular. Por más que se esforzaba no podía tener la introspección profunda que necesitaba para encontrarse con esa parte de sí mismo que le revelara lo que verdaderamente le estaba faltando en su vida.

El deseo de encontrar el camino hacia su ser interno fue lo que le permitió a Ravi descubrir la hipnosis. Confió en que esto era lo que podría ayudarle a entrar en lo más profundo de su ser y descubrir aquello que provocaba ese gran vacío. Decidió entonces, con todas sus esperanzas, intentar su primera sesión. No obstante, no pudo experimentar una hipnosis en ese primer momento, ni tampoco en el segundo, ni en el tercero. De hecho, no lo logró por varios años. Él no sabía por qué.

Ravi es una persona de decisiones firmes, basta hablar tan solo unos minutos con él para darse cuenta de que no es alguien que desiste. Su tenacidad siempre ha sido mayor que cualquiera de sus problemas, y esta situación no era la excepción.

Fue justo en esa etapa cuando lo conocí y me compartió su historia. Le sugerí un proceso en el que comenzaríamos entrando en estados de concentración, después pasaríamos a la relajación, meditación y, finalmente, a la hipnosis.

Fue muy difícil al principio. Ravi se sentía rígido por dentro y por fuera, en un constante estado de alerta, debido al alto estrés experimentado a lo largo de su vida. Entre prácticas y más ejercicios, eventualmente comenzó a relajarse y, poco a poco, empezó a acceder a su memoria y subconsciente. En ese momento, yo sabía que gracias a su inmensa perseverancia y deseo de encontrarse a sí mismo, estábamos cerca de la meta. Así fue que alcanzó su primera hipnosis y en ella logró llegar al lecho de muerte de su madre: tenía tres años, estaba en el pasillo del hospital, vio llorar desconsolados a su padre y a su abuela materna. Entró a la habitación, subió a los brazos de su mamá, quien le dijo que debía esforzarse, estudiar mucho, ayudar a su padre y sacarlo adelante. Su mamá se despidió abrazándolo, diciéndole que lo amaba y que estaría bien. Después, falleció.

Ravi lo había logrado, había podido llegar finalmente al evento más difícil de su vida a través de la hipnosis. Se reconectó con ese niño de tres años en el momento en el que se enfrentó a un acontecimiento que le provocó mucho dolor.

En esa misma sesión, Ravi fue a otros espacios etéreos: caminaba solo en un bosque cuando sintió la presencia de su madre que le dijo «Es a través de este tipo de lugares en los que yo siempre estaré contigo, en la calma, la naturaleza, aquí siempre me puedes encontrar».

Después de esa experiencia de memoria y canalización a través de la hipnosis, se abrió una puerta a una nueva percepción y descubrió un espacio de conexión con su madre, pero, sobre todo, recordó la profunda paz que yace en su interior, y supo que las almas que amamos están siempre con nosotros.

Ravi no solo conquistó su propósito, sino que nos demostró que todos podemos lograr el estado de hipnosis, incluso las personas con los más altos niveles de estrés y trauma, siempre que continúen la práctica con voluntad y perseverancia.

CAPÍTULO II

Los orígenes del trance

Hay quienes ubican el origen de la hipnosis en el psicoanálisis. A pesar de que esta rama de estudio sí ha analizado esta práctica, considero importante comprender que es una capacidad intrínseca del ser humano. ¿Cuándo comenzó entonces la hipnosis?

Diría que desde los inicios de la exploración de la consciencia. La historia de la hipnosis es la historia del trance y del ser humano buscando comprenderse a sí mismo. Años de estudios de numerosos autores fueron dándole diferentes explicaciones a la hipnosis, fundadas en los marcos teóricos de cada época que hoy en día nos ayudan a comprender esta práctica.

Historia de la hipnosis

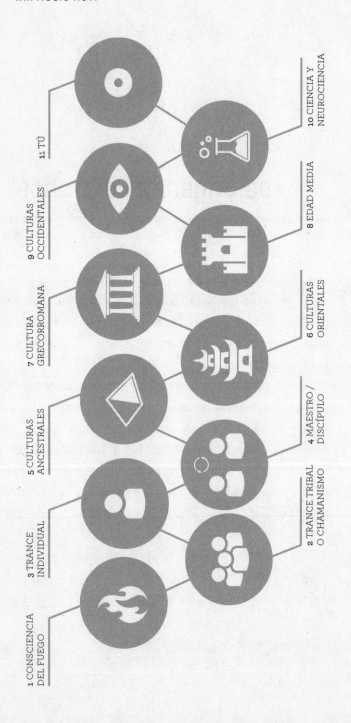

1 CONSCIENCIA DEL FUEGO

2 TRANCE TRIBAL O CHAMANISMO

3 TRANCE INDIVIDUAL

4 MAESTRO / DISCÍPULO

5 CULTURAS ANCESTRALES

6 CULTURAS ORIENTALES

7 CULTURA GRECORROMANA

8 EDAD MEDIA

9 CULTURAS OCCIDENTALES

10 CIENCIA Y NEUROCIENCIA

11 TÚ

Primeras pistas

El primer registro que existe sobre la capacidad de introspección que tenemos los seres humanos se encuentra en Los
Vedas, los primeros textos teológicos y de salud integral ori-
ginarios de India que datan antes del 5,000 a.C., aunque se
dice que la tradición oral de la cultura Dravídica lleva más
de 20,000 años. Los Vedas son cuatro tomos de libros que, a
su vez, son una compilación de autores desconocidos. Allí se
encuentran los inicios de las prácticas de consciencia y técnicas de intuición, control sensorial y autoconocimiento a
través del yoga y el *ayurveda*.

Estas prácticas fueron difundidas y compartidas en varias
culturas a través de las rutas marítimas polinésicas y las rutas
comerciales como la de la seda, desde India, Tíbet y China
hasta Medio Oriente, el Mediterráneo, África y América. Pero
también a través de campos de consciencia colectiva, morfogenéticos, energéticos, genéticos y la memoria del alma.

Capacidad intuitiva

Gracias a investigaciones arqueológicas sabemos que, desde
antes de Los Vedas, las prácticas de introspección fueron utilizadas en todas las culturas prehistóricas por chamanes,
hombres y mujeres de sabiduría. Nuestros ancestros practicaban el trance para alcanzar la evolución espiritual y la supervivencia de las comunidades, así como para tener métodos
de analgesia. Buscaban también darle un sentido a la existencia a través de su relación intuitiva y creativa con la naturaleza.

Cuando los seres humanos dominamos el uso del fuego y la cocción, cambió nuestra relación con la naturaleza, volviéndonos más sedentarios, permitiéndonos así mejorar nuestra calidad de vida, tener tiempo de ocio y darle más espacio al desarrollo del arte y la creatividad. Fue este quizás el comienzo de la practica yóguica, la búsqueda del autoconocimiento a través de la introspección, más allá de la necesidad de sobrevivir.

Las civilizaciones védica y egipcia perfeccionaron las prácticas de la hipnosis para fines espirituales y de sanación. Fue a través de la interpretación de los sueños que se inició el viaje hacia el aspecto más desconocido de nuestra mente.

El trance hipnótico para diagnóstico e introspección

Desde Egipto, aproximadamente 5,000 a.C., hasta Medio Oriente y luego Grecia, alrededor de 900 a.C., existieron templos dedicados a los sueños; verdaderos hospitales donde se trataban múltiples condiciones y enfermedades. Aquellos son los primeros indicios de que ya se comprendía la conexión entre la introspección y los diagnósticos de padecimientos del humano como bien lo describen los papiros de Osiris y una posterior compilación en el *Libro Egipcio de los Muertos*, que datan desde el Imperio Antiguo (3,000 a.C.) al Imperio Nuevo alrededor del 1,200 a.C.

Luego, a partir de los siglos IV y III a.C. los seguidores de Gautama, el Buda, comenzaron a sistematizar por escrito la práctica de la meditación como un vehículo para la exploración de los estados de consciencia.

Fue en la Universidad de Nalanda, en el Norte de India, donde se encontraron las grandes filosofías y corrientes de la época; del *Samkhya Vedanta* nació el budismo y se consolidó como una corriente epistemológica. Grandes eruditos estudiaron y enseñaron ahí, desde Gautama Buda, Sariputra, hasta Nagarjuna (s. III-II a.C.), quien en esa época refutó la separación entre sujeto y objeto, introduciendo los conceptos de «vacuidad», que hace referencia a la interdependencia de las partículas a nivel subatómico, y la «no cesación» de la materia, que propone que las partículas nunca mueren, sino que se transforman en un flujo y cambio de frecuencias constante.

Podríamos decir, entonces, que Nagarjuna fue uno de los primeros físicos cuánticos en plantear que no existe una realidad dividida de la percepción individual, sino una multidimensionalidad de la percepción, siempre subjetiva e interdependiente.

Gracias a esto, algunas ramas del budismo se dedicaron al estudio de los bardos o dimensiones, plasmándolos en sus más antiguos *Sutras*, entre ellos el *Bardo Todol*. Dicho texto explora los planos del subconsciente por medio de la descripción de los lugares que se encuentran en los sueños y después de la muerte, a los cuales accedían en estados de meditación profunda.

La hipnosis y el poder

Grandes imperios se expandieron antes de Cristo, como el de Alejandro Magno y Ashoka, y junto a ellos las enseñanzas científicas y místicas divulgadas por grandes ascetas como

Mahavira, Buda y Jesús, entre muchos otros guardianes del conocimiento en diferentes culturas. Siglos antes, importantes filósofos griegos desde Heráclito hasta Hipócrates, este último conocido como el padre de la medicina alopática, utilizaron la hipnosis para la exploración del subconsciente, considerándola como un estado intermedio: una dimensión en la que no se está despierto ni dormido. Los filósofos usaron dicho estado como método de diagnóstico y tratamiento de enfermedades.

No sería hasta la Edad Media y el oscurantismo, entre los años 800 y 1,200 d.C., que la hipnosis se convirtió en algo vetado al pueblo por las religiones y grupos de poder, especialmente en Occidente después del Imperio Grecorromano. En ese momento se comenzó a utilizar el potencial sugestivo de la hipnosis para el manejo de masas. Se sabe, por ejemplo, que los caballeros templarios usaron métodos de sugestión para organizar sus ejércitos. Al ser descubierta por los organismos de poder, la hipnosis se puso en función de estos y se prohibió. Entonces, la hipnosis quedó vetada como una «práctica pagana de trance».

Es importante entender cómo los paradigmas de la ciencia, la religión y la medicina moderna les quitaron validez a nuestras capacidades innatas, para conceder nuestro poder en manos de alguien más. En muchas culturas, por ejemplo, se impuso la necesidad de un intermediario externo para el autoconocimiento, la sanación y conexión con Dios.

Las prácticas de hipnosis en Occidente y Medio Oriente quedaron confinadas a cúpulas exclusivas de poder. En Oriente su práctica se mantuvo oculta en monasterios y linajes de tradición oral hasta la actualidad. ¡Recién hace uno o dos siglos que estamos saliendo de esta tendencia de la Edad Media para reencontrarnos con el potencial de la sanación individual, la introspección y la sabiduría ancestral!

Revelaciones de Mesmer

Llegamos así a Franz Anton Mesmer, una figura clave en el desarrollo de la hipnosis. Durante el siglo XVIII en Europa, Mesmer inventó el «magnetismo animal» a través del cual consideraba que podía modificar el campo electromagnético de las personas y así alcanzar la sanación de enfermedades.

Dicho invento lo llevó a la fama y, al trasladarse a Francia, despertó el interés de varias personalidades como Benjamín Franklin, Joseph Ignace Guillotin, Antoine Lavoisier, W. A. Mozart y Charles Lafontaine, entre otros. Este último le presentó la técnica a James Braid, un neurocirujano escocés que en 1842 la renombró como «hipnosis» y quien, en su único libro *Neuro Hipnosis,* hizo un intento de interpretación científica de la técnica tras haberla aplicado en cirugías en India. Braid descartó la teoría mesmeriana de los campos electromagnéticos, misma que terminó por ser desacreditada por la corte del rey Luis XVI, pues carecía de un método científico para probar su eficacia.

Los sueños de Freud

En 1886, el famoso neurólogo y fundador del psicoanálisis Sigmund Freud comenzó a rescatar las técnicas que había conocido por Mesmer y Braid. En muchos pacientes, utilizaba la hipnosis dentro de las prácticas del psicoanálisis y declaró que ciertos trastornos solo son tratables desde la hipnosis.

El psicoanálisis es el proceso de recordar y analizar lo que ya ha sucedido y Freud entendió que es posible hacerlo a través de un estado consciente, pero que muchas veces hay cosas que no recordamos o que tenemos bloqueadas. Es en ese punto donde él encontró a la hipnosis muy útil: para la interpretación de espacios de la memoria más difíciles de acceder.

Al no observar patrones medibles bajo la ciencia de la época, Freud la dejó a un lado para profundizar en el método psicoanalítico. Sin embargo, se sabe que hasta sus últimos días continuó utilizando esta técnica. Por ende, podemos decir que en los orígenes del psicoanálisis se encuentra también una conexión con la hipnosis y la exploración del subconsciente.

Hipnosis terapéutica

Con estos aportes desde el psicoanálisis pasamos a la esfera científica, encontrándonos en 1967 con el doctor Milton Hyland Erickson, quien decía que, si bien no se podía comprobar aún con el método científico, la hipnosis era una alternativa para los casos donde eran rechazadas las anestesias y otros medicamentos, así como para realizar diagnósticos, entre muchos otros beneficios.

Fue así como ya en el siglo XX se marcó el retorno de la hipnosis a la esfera de la medicina. La siguiente generación de estudiosos empezaron a usarla de manera terapéutica y luego fue retomada por grandes familias de médicos como los Spiegel en Stanford, y mis maestros Carole y Brian Weiss. Desde su ámbito científico, estos médicos desarrollaron procesos para entender y dar aún más profundidad y metodología a esta capacidad.

Carol y Brian Weiss se encontraron de forma espontánea y accidental con la hipnosis mientras ejercían sus prácticas de psiquiatría y psicología. Al darse cuenta de sus alcances terapéuticos empezaron a investigar la asociación entre memorias de vidas pasadas, o subconscientes, y la sanación en conexión con el presente, obteniendo increíbles resultados.

Dichos pioneros de la hipnosis terapéutica comenzaron a cuestionar el enfoque médico alopático de inhibir, resistir y rechazar las sensaciones ante la evidencia de sus limitaciones, e incorporaron conceptos científicamente más novedosos como la neuroplasticidad.

En el siglo XXI, el paradigma de la ciencia cambió una vez más. La creencia de que el ser humano como sujeto está separado de su entorno fue invalidada por la física cuántica; hoy sabemos que existe una completa interdependencia. Esta nueva visión permite el acercamiento entre la ciencia y la espiritualidad, abriendo nuevamente las puertas a la hipnosis para ser validada dentro de la esfera de la medicina complementaria y alopática.

Historia vs ciencia

Para entender la génesis de la Hipnosis de Sanación®, sin duda hay que asumirla desde los conceptos que aportaron las distintas culturas en una simbiosis de mitología, códigos y simbolismos provenientes del mundo interno, la imaginación, la percepción, creencia y sueños. Con ellos, la humanidad pudo resignificar información, establecer nuevas formas de pensamientos, evolucionar, sanar, conocer y crecer.

¿Qué podemos experimentar y explorar a través de la Hipnosis de Sanación®?

Otro mito importante a aclarar sobre la hipnosis es que siempre tiene que ser regresiva, es decir, que solo nos muestra memorias o vidas pasadas. Eso corresponde al caso de una técnica en particular que es la hipnosis regresiva que explora la memoria celular de ancestros y vidas pasadas.

Sin embargo, a través de la Hipnosis de Sanación® podemos acceder a este y otros campos de la consciencia, y nos dirigimos a ellos según sea nuestro objetivo terapéutico. A continuación, describo cada uno de estos posibles espacios a explorar con esta técnica:

A. Flujo libre o Cuerpos del Ser

En la cosmovisión indígena mexicana, «VER» se le llama a la habilidad de lograr que el sistema de interpretación se detenga. Gracias a esa capacidad, por ejemplo, concibieron la totalidad del Universo accesible a la percepción del ser humano como un ente recubierto por miles de capas o estratos.

CARLOS CASTANEDA, *Los pases mágicos.*

Muchos practicantes, aunque no es la regla, comienzan a distinguir el estado de trance por la percepción de un flujo energético. También se le reconoce como una captación de la energía vital o de un movimiento libre que podemos percibir a través de todo el cuerpo o en forma de bloqueo específico. Se puede advertir de forma kinestésica a través de sensaciones, de certeza intuitiva, de forma visual o auditiva, entre otras.

Básicamente, la exploración en Hipnosis de Sanación® de los Cuerpos del Ser nos permite observar que hay coherencia entre el cuerpo físico, mental, emocional, energético y espiritual para entonces retornarlo a la homeostasis o equilibrio, que en la práctica llamamos un estado de neutralización.

B. Memorias presentes y olvidadas

Durante la hipnosis podemos acceder a las memorias que recordamos y a las que no. Muchas veces tenemos más presentes las situaciones negativas que las positivas y, en otras, nuestro subconsciente esconde traumas para protegernos; sin embargo, estos siguen operando a través de patrones y condicionamientos de forma automática.

En la cultura indígena de México y Mesoamérica, existe la práctica de «recapitulación», que consiste en la tarea de recordar cada una de tus relaciones y sus memorias asociadas, observando y reinterpretando los efectos de tal vínculo con tu personalidad.

La verdad es que nuestra capacidad de memoria es infinita y podemos trasladarnos a cualquier momento de nuestra existencia, por ejemplo, al nacimiento o al vientre materno. Cada registro es almacenado en lo que llamamos *samskaras* o memoria celular, a través de todo el cuerpo y va construyendo y condicionando nuestra percepción en forma de creencias específicas y síntomas psicosomáticos. Existen muchas formas de recapitular; una puede ser, por ejemplo, a través de la hipnosis regresiva, pero también la Hipnosis de Sanación® te permite acceder a esta memoria.

Imagina que todas tus memorias forman parte de una gran biblioteca en la que cada libro es un recuerdo. Generalmente, nuestro subconsciente ordena estos libros de tal forma que los recuerdos negativos quedan más presentes, a modo de condicionamiento y protección. Los libros con los recuerdos positivos suelen quedar relegados a los estantes posteriores, e incluso a otros pasillos de la biblioteca de tu memoria.

Lo que sucede con el orden del subconsciente es que todo será interpretado desde esa experiencia negativa. La invitación es a que ordenes la biblioteca de tu memoria de acuerdo a tu voluntad, dejando los libros más positivos a la mano y apartando en los otros pasillos los negativos reinterpretados como fábulas con una enseñanza.

C. Vidas pasadas y memoria celular

Existen también los espacios que van más allá de esta vida, como las vidas pasadas, un concepto que varía de una cultura a otra. En Occidente, por ejemplo, este concepto fue rechazado por las principales religiones y la ciencia moderna a partir de la Edad Media, mientras que, en las culturas más ancestrales del mundo, y en particular las orientales, conceptos como el *karma* y *dharma*, la reencarnación, vidas pasadas y bardos son una parte fundamental de su sistema de creencias.

Actualmente sabemos que nuestro ADN y memoria celular cargan con información ilimitada, no solo proveniente de nuestros ancestros directos sino de toda la evolución del ser humano y de la Tierra. Esa información es energía, emoción, memoria y creencias en el presente. En efecto, de acuerdo con la física cuántica y autores vanguardistas como Rupert Sheldra-ke, por ejemplo, tenemos no solo vidas anteriores, sino también paralelas a estas que pueden estar incidiendo en el presente y es únicamente a través de su comprensión que podemos asimilar cómo nos afectan esas vivencias de forma consciente o sub-consciente.

Sin importar si creemos o no en las vidas pasadas, pode-mos experimentar tales memorias a través de la hipnosis y tomarlas de forma literal o simbólica, desde la perspectiva de la psicología clásica. Es mediante esta reinterpretación que podemos cambiar desde las creencias hasta la percepción so-matosensorial.

Para quienes acuñan las filosofías y paradigmas orientales de reencarnación, este análisis no es necesario para la sana-ción. La comunicación es más literal y la experiencia es más espiritual que racional. Somos muy afortunados en estos tiem-pos de tener acceso a tanta información y de poder elegir las creencias que nos identifiquen, con el objetivo de crear nues-tra propia cosmovisión.

D. Canalización, espacios entre vidas o multidimensiones

Otros lugares que podemos explorar a través de la hipnosis son los «espacios entre vidas», también conocidos como «bardos» para los budistas, «inframundos» en ciertas culturas ancestrales, o «espacios de transición» para la psicología.

Esto consiste en la dimensión energética y espiritual *post mortem*, donde existe una memoria del alma, una consciencia que compila muchas vidas, vectores o cuerpos para la misma. Es aquel espacio multidimensional que muchos describen como un túnel de luz, un movimiento ascendente, o el cielo, donde cada persona entiende la razón de sus vivencias y de vidas anteriores, la misión escogida para el presente, y reconocen contratos o acuerdos de almas, entre otras cosas.

Con la Hipnosis de Sanación® es posible llegar a los espacios entre vidas, que llamamos también canalización. Por ejemplo, puedes llegar al útero materno e irte más atrás o llegar al final de una vida pasada e irte al momento antes de reencarnar en otra vida.

Es un espacio de directa conexión con lo que algunos llaman Dios, con tu ser interno o alma, donde puedes entender tus aprendizajes y pendientes de encarnaciones anteriores, conocer también tus guías y seres de luz que te acompañan, reencontrarte con quienes ya han desencarnado y tomar decisiones con mayor claridad, alineándote con tu propósito de vida, tu *Sankalpa*.

E. Las progresiones

¿Alguna vez has tenido un sueño premonitorio? ¿Has soñado algo que después sucede? La progresión es una inferencia hacia el futuro. Se trata de un cálculo con base en hábitos y tendencias del pasado y presente que realiza nuestra neurobiología y subconsciente de aquello que está por manifestarse.

Si bien algunos experimentan las progresiones de forma espontánea a través de sueños premonitorios, también podemos acceder a esta capacidad mediante la Hipnosis de Sanación® en progresión. Es así como damos el comando de ir al futuro 20, 50, 100 o 1,000 años adelante, por ejemplo, y observamos el cálculo propuesto.

Es muy importante destacar que el futuro no es fijo, al contrario, lo construimos con base en cada acción del presente, pero debido a que nuestra automaticidad está condicionada por la memoria, son así de predecibles muchos efectos de nuestros condicionamientos y hábitos.

La oportunidad terapéutica que nos brindan las progresiones es conocer si nos gusta el resultado futuro de nuestros hábitos, creencias y condicionamientos y, de no ser así, poder modificarlos en el presente a través de tu capacidad de neuro-programación.

Te recomiendo en una progresión indagar mucho acerca de todo lo que debas cambiar y mantener para crear la realidad que quieras. Practica mucho la Hipnosis de Sanación® regresiva antes de comenzar con las progresiones. ¿Por qué? Cuando no tienes una coherencia con tu propósito, corres mayor riesgo de guiarte por el ego, las creencias y el deseo, los cuales nos brindan falsas expectativas. En general, estamos programados para tener muy altas expectativas materiales, bajas espirituales o de inteligencia emocional, y muy baja o nula aceptación a la realidad y al fracaso.

Tips para sanar: Los 3 movimientos del diálogo mental

Gran parte de nuestros condicionamientos y enfermedades se generan en la memoria y surgen de nuestros pensamientos y emociones, o aquello que reconocemos como nuestro incesante diálogo mental. En la Hipnosis de Sanación® te recomendamos mucho complementar tu práctica constante con la observación de algunos *tips* que te permitirán comprender y educar tu mente para reprogramarla con mayor facilidad.

¿Sabías que por muy intenso y abrumador que pueda parecer, nuestro diálogo mental solo realiza tres movimientos?

Si observas con paciencia tus pensamientos, absolutamente todos se mantienen entre estos límites:

1. *Almacenar* memoria, recordar.
2. *Comparar* entre las memorias almacenadas y la percepción presente (juicio y análisis).
3. *Proyectar* nuestras memorias y comparaciones al futuro.

En general, cuando nuestro diálogo mental está en balance, nos desplazamos de un pensamiento a otro de forma funcional. Sin embargo, cuando la salud mental no está en balance y te aquejan tus pensamientos, te recomiendo utilizar la técnica de *Pratipaksha Bhavana*, un método de yoga para el control mental que se define por traer pensamientos positivos cuando observamos la presencia de pensamientos y estados emocionales negativos o incoherentes, y especialmente traer nuestra concentración y atención al presente. Esta práctica nos permite estar conscientes de nuestro diálogo mental y su relación con las memorias, sensaciones y reacciones, dándonos así la posibilidad de entrenarlo, como un músculo, a ser más positivo. No podemos pretender despertar un día con la mente en calma, debe ser entrenada y educada con disciplina y paciencia.

Cuando no estamos en balance, es muy difícil realizar el cambio de forma voluntaria. El diálogo mental parece ganar la batalla y nos autosaboteamos repitiendo patrones, incluso de nuestros antepasados, una y otra vez.

Movimientos del diálogo mental

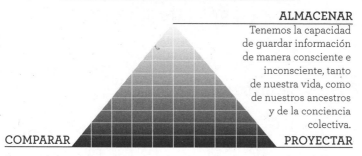

ALMACENAR

Tenemos la capacidad de guardar información de manera consciente e inconsciente, tanto de nuestra vida, como de nuestros ancestros y de la conciencia colectiva.

COMPARAR

A partir de lo que hemos experimentado y almacenado en nuestra memoria, podemos comparar la información en forma de juicios para luego discernir.

PROYECTAR

Solo a partir de lo que hemos almacenado y comparado podemos también inferir el futuro, planificar y proyectar.

La buena noticia es que a través de la Hipnosis de Sanación® tenemos la capacidad de reordenar y reinterpretar la memoria y, por lo tanto, modificar nuestra percepción e incluso calmar el incesante diálogo mental. Con una memoria integrada y agradecida, nuestras comparaciones y juicios son menos duros y más compasivos con los demás y con nosotros mismos. Las expectativas al futuro se crean desde un nuevo paradigma, alineado con tu propósito o *Sankalpa*.

Verás con claridad cómo tus hábitos cotidianos en el aspecto físico, emocional, mental, energético y espiritual están creando un futuro vibracional en el presente. Las progresiones se transforman entonces en una posibilidad de cocreación de tu realidad. La Hipnosis de Sanación® te empodera desde la consciencia de que somos todos creadores de frecuencias, primero mentales, que al plasmarse, se manifiestan.

Caso 2: Saber y reinterpretar.

ज्ञातुं पुनः व्याख्यां कर्तुं च।

Patricia Olivares

> *El caso de Patricia nos muestra de qué manera recordar vidas pasadas puede ser útil para sanar sucesos de esta vida, comprendiendo los orígenes de las aflicciones presentes.*

Patricia es una joven terapeuta mexicana de la ciudad de Pachuca. A pesar de su conocimiento del manejo de las emociones y de su gran experiencia como terapeuta, vivía con profundos miedos e inseguridades.

Tenía miedo, por ejemplo, a establecer relaciones y confiar en las personas y por lo mismo sufría de una falta de seguridad en sí misma. No lograba tener un entendimiento claro del origen de sus inseguridades, ya que siempre tuvo una infancia muy feliz rodeada del cariño y amor de su familia.

Se dedicó a hacer mucho trabajo de autodesarrollo e introspección para entender de dónde provenían sus condicionamientos. Ella intuía que venían de más allá: de un espacio que aún no había explorado. Fue así como llegó a la Hipnosis de Sanación®.

En su primera experiencia, Patricia se vio a sí misma como una niña pequeña que, comprendió, era su niña interior, estaba herida y triste, pero no entendía por qué. Entonces recibió un cofre y desde que lo tuvo en sus manos supo con certeza que este contenía la respuesta, la causa y origen de sus inseguridades.

Patricia sin dudarlo abrió el cofre y al hacerlo se le apareció una imagen. Se trataba de ella en el vientre materno. Estaba muy afligida en ese espacio, donde se suponía que debería sentirse protegida y amada. Esa pequeña bebé presenciaba la discusión entre sus padres que, preocupados por su economía, decidían si ella debía nacer o no.

Ahí en el vientre de su madre, Patricia se sentía vulnerable y a la expectativa de la decisión de sus padres. Al observar esas primeras emociones intensas que experimentó desde antes de nacer, pudo comprender que gran parte de sus miedos e inseguridades en el presente estaban promovidas por una decisión que no le pertenecía. Ahora que había descubierto de dónde venía parte de su inseguridad, le correspondía la decisión de soltar y sanar.

Una vez indicado el comando de sanación, Patricia comenzó a sentir que expulsaba sus condicionamientos a través de brazos y piernas. Al completarse esa sanación, comprendió que estaba lista para reordenar su memoria, perdonar a sus padres y agradecer el gran regalo de haber tenido una niñez y una vida feliz. Decidió que su memoria priorizaría esos recuerdos positivos de la infancia, reprogramando sus condicionamientos desde ese espacio de amor y gratitud hacia su familia y su niña interior.

A Patricia se le había revelado un gran secreto desde su primera experiencia, pero aún había más. Percibía otra tristeza e inseguridad mucho más profunda que venía cargando de otra vida. Recordó que en una encarnación en la prehistoria fue rechazada por su clan. Al exiliarse se confundió y se perdió en medio de la nada. Estaba embarazada y ya no tenía a dónde ir. Profundamente sola y sin posibilidades de sobrevivir, saltó a un acantilado.

Al desencarnar, comprendió que en esa vida debía aprender y experimentar el rechazo y el juicio de los demás sobre ella. Y en la encarnación presente, ella debía trascender esos condicionamientos para ayudar a los demás desde la aceptación y la compasión.

Patricia ganó confianza en sí misma y entendió que muchos de nuestros condicionamientos vienen incluso de más allá de nuestra memoria consciente. Comprendió también que los dolores más profundos pueden ser aprendizajes inconclusos y suelen cargarse de una vida a otra hasta que hacemos el trabajo de recordarlos e integrarlos.

La Hipnosis de Sanación® nos da nuevos caminos para reinterpretar el dolor y el miedo, reconociendo sus raíces para sanarlos, amorosamente, sin inhibirlos.

Niveles y técnicas de inducción

Son diversas las formas de conducir, guiar y de experimentar una hipnosis con fines terapéuticos. Distintas escuelas y autores han clasificado los niveles existentes en los estados de hipnosis según sus corrientes de estudio. Entre ellas se encuentran la Escuela de Harvard, Stanford y París, todas con escalas diferentes en psiquiatría y psicología.

A continuación, te presentaré los seis niveles que reconocemos desde la Hipnosis de Sanación® para describir los estados de consciencia explorables no solo con esta sino también con otras técnicas de hipnoterapia. Es importante entender los niveles del trance hipnótico porque de esa forma se hace más fácil comprender tu experiencia y reconocer su potencial.

Niveles de la Hipnosis
Los 6 niveles reconocidos desde
la Hipnosis de Sanación®

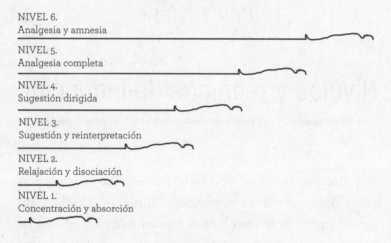

NIVEL 6.
Analgesia y amnesia

NIVEL 5.
Analgesia completa

NIVEL 4.
Sugestión dirigida

NIVEL 3.
Sugestión y reinterpretación

NIVEL 2.
Relajación y disociación

NIVEL 1.
Concentración y absorción

Los 6 niveles reconocidos desde la Hipnosis de Sanación®

Nivel 1: Concentración y absorción

Experimentas un primer grado de focalización con los ojos abiertos cuando lees un libro, tienes una buena conversación o ves una película en la que estás concentrado y se reduce tu atención periférica.

En este nivel normalmente estás absorto en una actividad placentera, pero no estás consciente de un objetivo terapéutico, por ende, eres altamente susceptible a recibir mensajes sugestivos, ya sea de la televisión, del libro que lees o de la persona con quien conversas.

En este grado inicial de trance, el cerebro comienza a percibir de forma diferente, con menor juicio y mayor receptividad. Por tanto, utilizado con fines terapéuticos y sobre todo con intencionalidad, nos lleva a grados de alta concentración, balance y creatividad. La concentración en un punto, como por ejemplo tu respiración, es la clave para activar tu capacidad de neuroplasticidad que en sánscrito llamamos *Dharana*.

Nivel 2: Relajación y disociación

A continuación se alcanza una relajación profunda consciente. Este estado es el correspondiente a la práctica de *Yoga Nidra*, también conocida como *power nap*, que es muy beneficiosa para el sistema nervioso, el nervio vago y la exploración del subconsciente.

La focalización inicial puede lograrse con los ojos abiertos o al cerrarlos. Tienes mayor acceso a la memoria y la autopercepción se agudiza. Entras en un estado de disociación entre la relajación y los sentidos que se manifiesten durante tu experiencia.

Estás en un estado de paz, pero puedes aún sentir el diálogo mental activo en un segundo o tercer plano. También puedes acceder a una clara percepción psicosomática del flujo libre, que te permite un profundo balance emocional y energético. Puede haber adormecimiento y sensaciones determinantes. La respiración es más profunda.

Nivel 3: Sugestión y reinterpretación

El nivel de concentración y atención focalizada se perciben con la sensación de un mayor grado de analgesia corporal. El movimiento ocular o REM suele ser perceptible y rápido;

accedes con facilidad a los simbolismos del subconsciente con una clara interpretación de estos.

La percepción selectiva aumenta mientras respondes a la conducción del operador con un fin terapéutico. Eres notoriamente más sugestionable y puedes acceder a la memoria de esta vida, de vidas pasadas o memoria celular, dimensiones y progresiones al futuro en este nivel.

Nivel 4: Sugestión dirigida

Permaneces consciente con ciertos atisbos de analgesia y disociación de la percepción, pero siempre con tu libre albedrío activo, es decir, tú sabes que estás voluntariamente practicando. En este estado se puede dirigir la sugestión para analgesia localizada, manejo del dolor físico, trauma, fobia o adicción. También es posible acceder a espacios más profundos de la memoria y el subconsciente como los espacios entre vidas, la canalización y multidimensiones.

Los niveles 1, 2, 3 y 4 son los que experimentas en la Hipnosis de Sanación®, ya que la disociación y sugestión nos permiten una profunda comprensión y reinterpretación de la memoria y el subconsciente, ideales para la neuroprogramación consciente.

Nivel 5: Analgesia completa

Son estados de trance en los cuales el objetivo terapéutico no es reinterpretar la memoria, sino generar una analgesia completa, en donde tú, como paciente, no sientes nada, pero percibes qué sucede y posteriormente recuerdas la experiencia. Se utiliza en procesos pre y post quirúrgicos, en pacientes con

reacciones adversas a la anestesia, para manejo del dolor crónico y agudo, adicciones y traumas recientes, entre otros.

Nivel 6: Analgesia y amnesia

En este nivel eres llevado a una analgesia completa y amnesia
total del episodio de forma voluntaria. Se puede utilizar con
fines clínicos en caso de alguna cirugía que requiera de amnesia o para balance del sistema nervioso y descanso profundo o manejo de adicciones, entre otros propósitos terapéuticos
complejos. También conocido como sonambulismo, es un
estado que ayuda a sanar a partir de la sugestión directa al
subconsciente.

¿Cómo acceder a la hipnosis? Técnicas de inducción

Existen numerosas técnicas y formas de inducción para llegar
a un estado de trance hipnótico. A continuación, te explicaré
las cuatro más utilizadas por los terapeutas y practicantes de
hipnosis.

1. Relajación progresiva

Es una de las técnicas más conocidas para inducir el trance
hipnótico. Consiste en una relajación guiada que se va profundizando a través de la visualización, percepción e imaginación
sensorial hasta llegar a un estado de susceptibilidad y disociación óptimo para acceder al subconsciente. Por ser muy placentera y predecible, es una de las más utilizadas, en especial
por la psicología clásica.

Recomiendo utilizar esta técnica en personas que por primera vez recurren a la hipnosis, que tengan mucho estrés, ansiedad o miedo y que, por lo tanto, requieran relajar el sistema nervioso antes de entrar en hipnosis. Se caracteriza por tomar entre cinco a veinte minutos hasta que el paciente se encuentre en trance.

2. Elmer

Esta técnica busca el trance a través de la disociación, por medio de una sugestión repetitiva que genera una relajación del sistema nervioso mediante la confusión.

Se sugiere al paciente concentrarse en dos o más puntos de percepción y se van variando los comandos hasta llegar al trance hipnótico. Por ejemplo, mientras un comando puede ser el de una relajación progresiva, el segundo comando puede ser el de abrir y cerrar los ojos ante un sonido específico o un movimiento involuntario. Puede requerir de entre tres a diez minutos.

Utiliza esta técnica cuando se requiera profundizar la relajación o estado de trance, o en personas con miedo a perder el control.

3. Inducción rápida

Se realiza en un tiempo de tres a diez segundos. Se le solicita al paciente enfocar su concentración visual en un punto fijo o en un movimiento mientras la orden sensorial se modifica repentinamente. Por lo general, hemos visto emplear este método en espectáculos de hipnosis, causando mucha sorpresa y generalmente seguidos de comandos que ridiculizan al practicante. Sin embargo, esta técnica de inducción es tremendamente efectiva y útil en consulta para objetivos terapéuticos, así como en casos de pacientes con juicio excesivo, miedo, baja concentración o altos niveles de ansiedad.

4. Los 9 pasos de la Hipnosis de Sanación®

Se inicia con una breve relajación guiada de entre uno a cinco minutos, posteriormente, se enuncia el comando de sugestión que llevará al paciente a través de los nueve pasos que le ayudarán a disociar y observar con claridad y perspectiva los Cuerpos del Ser o *Koshas*, que son los aspectos físico, mental, emocional, energético y espiritual.

Una vez establecido el observador en el trance, el subconsciente y la intuición nos van indicando qué aspectos deben sanar y entrar en balance. En el próximo capítulo, describiremos en detalle cómo utilizar esta técnica de inducción de nueve pasos que desarrollé para la práctica de la Hipnosis de Sanación®.

Recomiendo utilizar esta inducción cuando necesites un diagnóstico, requieras comunicarte con un síntoma, órgano o lesión física o emocional, y con tu alma. Cuando no sepas qué trabajar, esta técnica te mostrará qué debes sanar y bajo qué conexión o espacio de exploración de la consciencia.

Caso 3: Conexión y decisión.

बन्धनं निर्णयश्च।

Carola y Eugenia Salazar

Este caso nos demuestra que en los espacios entre vidas tomamos decisiones determinantes para el aprendizaje que venimos a hacer en esta encarnación. Nuestras relaciones más importantes suelen tener conexiones que vienen del subconsciente y el alma.

Carola y Eugenia Salazar son hermanas y también grandes amigas. Aunque por muchos años la relación entre ellas no fue la mejor, en momentos distintos y por razones diferentes se realizaron hipnosis terapéuticas que develaron una conexión sumamente profunda, más allá del tiempo y el espacio.

Con Carola realizamos hipnosis cuando ya casi terminaba su adolescencia. En su terapia quería sanar su autoestima y mejorar la confianza en sí misma. Su primera imagen durante la Hipnosis de Sanación® regresiva fue de ella misma a los siete años: estaba con su mamá, tenía mucho miedo de ir a la escuela porque la molestaban.

Después fue un poco más atrás en su memoria, hasta su nacimiento: se vio en la camita del hospital, donde le estresaba mucho el sonido de los otros bebés. Sentía que todo era nuevo para ella; sin embargo, a pesar de esa inseguridad, sentía la alegría y el amor de sus papás al recibirla y supo desde ese momento que contaría con su cuidado, guía y apoyo.

Al ir aún más atrás, llegó a un espacio entre vidas, un campo etérico en el cual le explicaron que esta era su primera encarnación y que debía ser fuerte porque vendrían muchos retos y tendría que elegir entre tres cuerpos, los de sus hermanos, para cumplir con el aprendizaje deseado. Ella eligió el cuerpo de un bebé que ya estaba habitado por otra alma. Pero las almas no tienen reglas ni límites, así que entre ellas acordaron el intercambio de cuerpos para que se cumpliera la misión de cada una. Carola, entonces, encarnó en ese bebé al decidir nacer como la segunda de tres hermanos.

Esa hipnosis le permitió a Carola aceptarse y crecer con mayor seguridad en sí misma, sabiendo que contaría con la solidaridad de su familia y poniendo énfasis en las fortalezas de su infancia para aprender de los desafíos.

Eugenia, por su parte, es la hermana más pequeña, quien vino a una terapia de Hipnosis de Sanación® sin saber de la experiencia de Carola años atrás. El motivo terapéutico de Eugenia era precisamente la mala relación que tenía con su hermana desde siempre. Ella constantemente sentía que toda la atención era para Carola y eso hacía resaltar sus diferencias, generándole enojo y una sensación de injusticia permanente.

«Voy a nacer, soy un bebé muy querido y esperado, estoy en el cuarto mes de gestación», observó Eugenia al entrar a hipnosis. «Voy a nacer después de mi hermano el mayor, Xavier, seré la segunda y me siento muy feliz. Aunque no entiendo, ya que yo soy la tercera».

«¿Qué sucedió?», preguntó Eugenia mientras se sentía en el vientre materno. «Hay otra alma que me pide que le ceda mi lugar, es Carola... Yo sé que soy un alma más antigua y necesito menos cuidado y atención, así que decidí cederle mi lugar y nacer de tercera. En ese momento el bebé en gestación cambió de almas. Yo acepté cederle ese lugar y ahora entiendo que ella lo necesita». Esta fue la revelación de Eugenia.

De modo que, en la hipnosis, Eugenia comprendió que Carola le había pedido permiso para llegar primero y tener ciertas atenciones y ella estuvo de acuerdo, por ende, no le había arrebatado nada. Ella nacería inmediatamente después de Carola, como fue acordado entre almas. Y todo ese enojo, injusticia y celos que sintió por años, ahora lo pudo perdonar y reinterpretar.

Un alma puede decidir cuándo entrar y salir de un cuerpo en diferentes ocasiones, no solo en el vientre materno. Un alma también puede decidir si continuar acompañando a sus seres queridos una vez que ha desencarnado, a través de un nuevo ser humano, un animal o incluso algún objeto. Un alma puede dividirse en múltiples cuerpos, manifestaciones y dimensiones. Las almas, tu ser superior, o como prefieras llamarle, no tienen limitaciones; se trata de una memoria que tiene una consciencia más allá del cuerpo o vector que elije. Somos nosotros los que por medio de nuestra condicionada percepción les atribuimos conceptos, códigos y creencias.

Gran parte de nuestros aprendizajes dependen de las decisiones que tomamos entre una vida y otra. Los espacios entre vidas también nos permiten, por ejemplo, entender y constelar nuestras relaciones familiares.

CAPÍTULO IV

Hipnosis de Sanación®

La Hipnosis de Sanación® es una técnica que desarrollé tras estudiar hipnosis y medicina complementaria en India, México y Chile. Es una fusión de técnicas de Oriente y Occidente, sintetizadas con el fin de facilitar y simplificar el recordar nuestra infinita capacidad de neuroplasticidad.

Me pareció fundamental desmitificar la hipnosis y utilizar un potencial más amplio que solo el regresivo, ampliándolo al progresivo, la canalización, multidimensiones y la exploración de los Cuerpos del Ser.

Si bien acceder a la memoria es un ejercicio de sabiduría e integración, más de una vez me encontré con que el subconsciente ya estaba listo para sanar sin necesidad de recordar. Muchas veces lo que necesitamos es soltar emociones, dejar ir miedos, cargas y tensiones, es decir, hacer una digestión o conexión emocional, mental y energética para restablecer el balance y llegar a la sanación.

La Hipnosis de Sanación® es una técnica que se caracteriza por lo siguiente:

1. El practicante está siempre consciente, es decir no pierde su libre albedrío en ningún momento de la práctica.
2. Su inducción es a través de la técnica de los 9 pasos.
3. Explora los condicionamientos, síntomas y miedos desde el amor y la luz.
4. Explora cuatro grandes aspectos de la consciencia como el regresivo, progresivo, multidimensional y los Cuerpos del Ser.
5. Lleva una integración durante y posterior a la práctica en la cual se recapitula y se da sentido a las nuevas posibilidades, creencias y códigos recibidos, así como recomendaciones post práctica para fortalecer la nueva neuroprogramación.

Como ya dijimos, la Hipnosis de Sanación® es una técnica que te llevará a un estado de hipnosis a través de la inducción de los 9 pasos. A un estado de disociación de los Cuerpos del Ser; el cuerpo o aspecto físico, emocional, mental, energético y el espiritual, también conocidos en sánscrito como *Koshas*.

Al tomar consciencia de cada aspecto, por medio de una clara intuición y observación, el practicante va percibiendo qué es lo que tiene que sanar primero, qué información y aprendizaje contiene ese cuerpo, con qué otro aspecto está conectado y si ya está listo para sanar. Es una constante dialéctica entre los *Samskaras*, creencias y síntomas psicosomáticos, y el lenguaje del alma que es la intuición.

El practicante o paciente avanzará en recordar, reinterpretar, integrar y sanar más *Samkaras* hasta experimentar una nueva posibilidad. Entonces, habrá creado una nueva red neuronal, una nueva frecuencia y creencia.

Koshas o Cuerpos del Ser

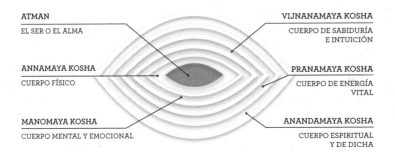

ATMAN
EL SER O EL ALMA

VIJNANAMAYA KOSHA
CUERPO DE SABIDURÍA
E INTUICIÓN

ANNAMAYA KOSHA
CUERPO FÍSICO

PRANAMAYA KOSHA
CUERPO DE ENERGÍA
VITAL

MANOMAYA KOSHA
CUERPO MENTAL Y EMOCIONAL

ANANDAMAYA KOSHA
CUERPO ESPIRITUAL
Y DE DICHA

Comienza hoy tu reprogramación a través de la Hipnosis de Sanación®

En una postura cómoda, sentado o acostado, cierra los ojos. Observa primero tu respiración para promover un estado de concentración; enseguida, cuenta en forma regresiva del diez al cero. En cada exhalación ve relajando y soltando todos los Cuerpos del Ser o *Koshas*: tu cuerpo físico, mental, emocional y energético.

Así inicia la inducción que se logra en no más de tres minutos. Una vez que te encuentres relajado y en un estado de disociación y percepción agudizada, entonces le pides a tu Ser que te muestre cuál es el primer espacio que necesita sanar el día de hoy. ¿Cómo? Simplemente preguntándotelo mentalmente o en voz alta.

«¿Qué necesito sanar hoy?»

Entonces, observa cualquier tipo de manifestación, sin juzgar su procedencia o naturaleza y atrévete a explorar. Recuerda que la inhalación y exhalación profundas siempre te permiten avanzar.

Estás frente a frente ante el síntoma o manifestación, lo que en Hipnosis de Sanación® llamamos *Samskara*, que es susceptible a tus comandos. Puedes decirle al síntoma que sane lo más que pueda o completamente, que el dolor desaparezca o baje de forma considerable, que te muestre conexiones, enseñanzas y cuál es su raíz. Sé didáctico en la experiencia, pregunta y explora.

Si eres un operador, interno o externo, de igual forma esas serán tus sugestiones siempre en positivo y presente, para ir avanzando en la sanación de los desequilibrios o condicionamientos. El arte de la sanación viene de la habilidad de dar una sugestión lo más asertivamente posible.

La revelación puede comenzar en el espacio emocional o físico, dejando aflorar sentimientos. A veces se presenta en forma de dolencias, malestar, revelando emociones, memorias, bloqueos, traumas, etc. Es entonces cuando comienzas a preguntar al síntoma, mentalmente o en voz alta. Por ejemplo:

«¿Por qué estás allí? ¿Qué representas?»

La respuesta va a llegar desde cualquiera de tus cinco sentidos. Se mostrará de distintas formas, ya sea con palabras, sonidos, imágenes, sensaciones, emociones, con certeza intuitiva e incluso fragancias. Si haces la hipnosis con un operador externo, este te ayudará a reconocerlas, integrarlas y sanarlas. Y si eres tu propio operador entonces tu intuición es tu principal guía.

A continuación, pregunta a ese síntoma o manifestación en cualquiera de los Cuerpos del Ser:

«¿Qué mensaje tienes para mí?»

También puedes preguntar al síntoma o manifestación:

«¿De qué me proteges?»

Mediante estas preguntas le damos el justo valor e importancia a ese síntoma, porque reconocemos su misión; registramos que se manifiesta con un propósito, que está allí porque tiene un objetivo de protección, prevención o alerta.

La siguiente pregunta que te sugiero hacer es:

«¿Ya estás listo para sanar?»

De su respuesta dependerá si avanzas en el proceso o, como en algunos casos suele ocurrir, si será necesario esperar. Aguarda la respuesta con calma y, si te muestra que aún no está listo, pídele a ese síntoma de manera muy respetuosa que en este momento sane todo lo que sea posible sanar, aunque sea solo una pequeña parte. También puedes sugerir que te sea revelado entonces qué es lo que se debe sanar primero.

Para completar esta primera sanación, añadimos una última pregunta:

«¿Qué conexiones tiene esta sanación con mi
presente?»

Esta pregunta es significativa porque, al hacer esta conexión, nos revela qué debemos traer y plasmar de esa sanación al consciente, y qué debemos modificar en nuestra cotidianidad, dándole un sentido a la nueva percepción.

Así vas avanzando en la terapia, preguntándote internamente si existe otro *Samskara* que necesite sanar. En mi experiencia he constatado que, como mínimo, hay dos espacios que necesitan sanar y un máximo de cinco que se logran en una misma sesión.

La gran noticia es que podemos usar este método tantas veces como sea necesario y siempre habrá una relación entre los espacios y cuerpos que van sanando, desbloqueando y reintegrando para darnos mayor balance. Recuerda que la paciencia y perseverancia son fundamentales ya que vamos trabajando por capas. Los beneficios y resultados de tu capacidad de neuroplasticidad se van incrementando y haciendo evidentes a través de la práctica constante.

Es preciso mencionar que, si bien estas preguntas pueden aplicarse en todas las técnicas de hipnosis, aquí las estructuramos para que las utilices en tu práctica de neuroprogramación a través de los 9 pasos de la Hipnosis de Sanación®.

Preguntas para la Hipnosis de Sanación®

Preguntas durante los 9 pasos de la Hipnosis de Sanación®	
¿Por qué estás allí, qué representas?	¿Qué conexiones puedo hacer con el presente?
¿Hace cuánto tiempo te sientes así?	¿Qué mensaje tienes para mí?
¿De qué me proteges?	¿Ya estás listo para sanar?
¿Eres mía o de alguien más?	¿Necesitas una conexión antes de sanar?
¿Vienes de nuestros ancestros o vidas pasadas?	¿Está completa la sanación?
¿Qué necesitas?	

¿Cómo sé que estoy en hipnosis?

Puedes reconocer el estado de trance por dos cosas principalmente: una, tu concentración estará focalizada en un punto y tu percepción de todo lo que te rodea será más baja de lo normal; y dos, durante la hipnosis podrás obtener información de cosas que en un estado despierto-consciente por lo general no entenderías.

Por ejemplo, puedes percibir tus bloqueos o entender con claridad las causas de emociones, dolores y sus conexiones con memorias u otros espacios de tu ser: consciente y subconsciente se pueden comunicar, entender y reinterpretar.

Toda hipnosis es diferente al manifestarse por medio de un sentido de la percepción o por una combinación. No siempre es visual, ni kinestésica o sensorial; a veces la percibes a través de olores o sonidos. Te sugiero estar receptivo y abierto a que la experiencia ocurra de formas que no esperabas.

Es normal que en los primeros tres niveles de hipnosis percibas ciertos estímulos periféricos con claridad e incluso sientas el diálogo mental, pero tu relajación, concentración e interpretación de lo interno será cada vez mayor. Muchas veces te preguntarás si te estás imaginando o creando la experiencia y mi sugerencia será explorar esa información sin juzgar su procedencia, toma lo primero que venga a ti, esa es la intuición, el lenguaje del alma y la memoria celular. Nada de lo que se manifiesta en hipnosis, incluso a nivel de tus pensamientos, es aleatorio o casual, al contrario, todo es simbólico y causal.

Propósito y efectividad

La Hipnosis de Sanación® está diseñada para que la puedas practicar tú mismo o con ayuda de un operador externo, como un audio o un terapeuta especializado y certificado. Su propósito es que recuerdes tu capacidad de autosanación y de modificar tu percepción de escuchar, interpretar y reprogramar los síntomas y manifestaciones en ti. Se caracteriza por ofrecerte resultados perceptibles luego de cada práctica.

La duración y cantidad de sesiones dependerán de los *Samskaras*, creencias y manifestaciones que necesites sanar, y eso es particular a cada ser humano. Cada persona es diferente y honramos esa diferencia desde el amor.

Sabremos que la terapia se ha completado cuando tu intuición durante la práctica indique que ya no hay espacios que sanar y procederemos a hacer un cierre mediante una sugestión aún más profunda, por ejemplo: «Integro todos los espacios sanados, traigo al presente este estado de plenitud, paz y agradecimiento». Luego de cada comando de sanación, pregunta si ya se ha completado el proceso. La respuesta llega de forma sensorial o intuitiva.

Para finalizar, contamos nuevamente de forma regresiva o progresiva, siempre sugiriendo retornar al estado consciente en gratitud, plasmando toda la sanación en el presente a través de la respiración.

Es fundamental para la práctica de hipnosis con fines terapéuticos que siempre trabajemos desde un espacio de sugestión positiva, repetitiva en aspectos primordiales como el amor, la sabiduría, la luz, la empatía, la compasión, el perdón y el agradecimiento, entre otros. Este factor es clave para que la terapia sea efectiva en reprogramar la memoria y percepción.

Pero, ¿cómo llegar al estado de trance que te permite la neuroprogramación? A continuación, te comparto los 9 pasos de inducción de la Hipnosis de Sanación˙.

9 pasos para la Hipnosis de Sanación®

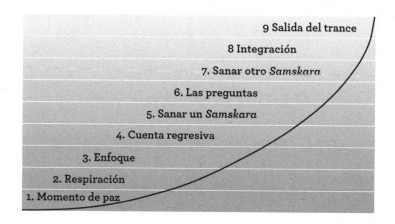

9 Salida del trance

8 Integración

7. Sanar otro *Samskara*

6. Las preguntas

5. Sanar un *Samskara*

4. Cuenta regresiva

3. Enfoque

2. Respiración

1. Momento de paz

«*La Hipnosis de Sanación*® *nos permite atravesar los miedos con amor, transformándolos en aprendizaje*».

«La herida es el espacio por el cual entra la luz».

RUMI

«La intuición es el lenguaje del Alma. En hipnosis se expresa como: "lo primero que llega a ti".».

9 pasos de inducción a la Hipnosis de Sanación®

1. Momento de paz

Busca un espacio propicio donde te sientas cómodo. Puedes estar sentado o recostado, pero con el cuello relajado. Elige un lugar tranquilo en lo posible, sin tanto ruido y si tu operador es un audio, te recomiendo el uso de audífonos. Entonces cierra los ojos y toma la determinación de relajarte sin quedarte dormido. Si no quieres cerrar los ojos, está bien, puedes fijar la vista en un punto fijo.

2. Respiración

Realiza respiraciones abdominales profundas durante algunos minutos, con el objetivo de relajar todo tu cuerpo con cada exhalación, focalizando tu concentración en soltar músculos, tejidos, tensiones, pensamientos y emociones. Esta práctica se llama en sánscrito *Yoga Nidra*.

Recuerda que puedes utilizar diferentes técnicas de respiración dependiendo de tu estado de ánimo y físico. Si estás quedándote dormido y te sientes aletargado, te recomiendo practicar un poco de la respiración de fuego o abdominal. Si necesitas conectarte con tus emociones te recomiendo hacer *Ujayi* o respiración gutural, mientras que, si tu mente está muy activa y disipada, puedes practicar respiración alterna o *Nadi Sodhan*.

No olvides que la respiración es un puente que te permite mover tu atención y observación a cada aspecto de tu ser.

3. Enfoque

Tras la relajación y respiración, es momento de concentrar tu atención y sentidos, por unos segundos, en un objeto de tu percepción, en sánscrito le llamamos *Dharana*.

Puedes concentrarte en la respiración, en una sensación, olor, sonido o una visualización.

Si tras algunas respiraciones profundas aún tienes dificultad para concentrarte y relajarte, usa este paso: haz un enfoque ocular. Abre los ojos y dirige la mirada hacia el entrecejo, como si quisieras alcanzar a ver tu coronilla. Ahora cierra los párpados lentamente, manteniendo la vista enfocada en este punto alto de la cabeza o la frente. Inhala profundamente, retén de 2 a 5 segundos y exhala completamente. Con cada exhalación vas relajando tus ojos y todo tu cuerpo cada vez más, hasta que los ojos se cierren por completo. Continúa respirando normalmente, de preferencia por la nariz. Si es necesario puedes repetir este paso varias veces hasta encontrarte en un estado de relajación consciente profundo.

4. Cuenta regresiva

Realiza una cuenta regresiva de diez a uno; a medida que cuentes, ve dando el comando de relajar cada aspecto del Ser o *Kosha*, generando así una disociación y separación de la percepción de estos espacios, como si tu perspectiva se elevara sobre tu cuerpo físico. Veamos un ejemplo:

«A la cuenta de 10 a 1 entraré en mi espacio de conexión.

- Diez, relajo todos los músculos y articulaciones de mi cuerpo.

- Nueve, suelto todos los órganos y tejidos.
- Ocho, relajo cada célula y molécula.
- Siete, suelto todas las emociones, permito que se calmen.
- Seis… descansan los pensamientos…
- Cinco…
- Cuatro… observo mi energía. Estoy completamente relajado.
- Tres… elevo la perspectiva aún más.
- Dos…
- Uno… ya estoy ahí, me encuentro en mi espacio de paz.»

5. Sanar un Samskara

Una vez que te encuentres en un estado de hipnosis, procedes a preguntarte:

«*¿Qué necesito sanar hoy?*»

En ese momento observa tu percepción. Cualquier cosa que se manifieste en este estado es un objeto que nos acerca a la sanación, ya sea un color, sensación física, emoción, recuerdo o intuición, entre otros.

Si tienes dificultad para reconocer el espacio, te recomiendo que tomes una inhalación profunda y repitas la pregunta, atento a cualquier sensación que emerja y a dónde te lleva tu concentración al exhalar. Si estás practicando con un operador externo, entonces es un buen momento para utilizar el *tapping*, suaves golpecitos que hacemos con uno o dos dedos, ya sea en la frente o algún otro espacio, con el objetivo de reforzar un comando. También se puede utilizar un sonido, como un chasqueo de los dedos, que te ayudará sin duda a profundizar el estado de trance. Si practicas de forma individual también te recomiendo el uso intuitivo de tus manos.

Es importante destacar que el uso de comandos de sonido y *tapping* no son imperativos para la práctica de hipnosis, pero sí son de mucha ayuda para profundizar el estado.

Si realizas el ejercicio con un terapeuta como operador externo, este siempre te debe preguntar previamente si te sientes cómodo con el uso del *tapping* o si prefieres solo comandos de sonido. Todo en la terapia, desde la asistencia e inicio de la misma, es un ejercicio de acuerdos y consentimiento, y como todo consentimiento, este puede cambiar durante la terapia cuando tú desees. Siempre te debes sentir cómodo con tu práctica y como paciente, eso es prioridad.

Cuando practicas de forma individual, las primeras veces te puede ser poco claro el reconocimiento de un espacio de sanación o incluso del estado de trance mismo. Te preguntarás: ¿Será esta la hipnosis? ¿Me estaré inventando o imaginando esto? Siempre te invito a mover tu atención a las sensaciones y emociones.

En la medida que tu consciente está activo en hipnosis, entonces puedes continuar escuchando tu diálogo mental, sin embargo, con la práctica este bajará de modo considerable hasta tornarse imperceptible.

6. Las preguntas

Continúa realizando las preguntas de la gráfica que vimos antes en el orden sugerido o, si prefieres, cambia el orden y también puedes incluir otras preguntas; recuerda jugar, preguntar, pedir y, sobre todo, permitir el cambio, confiando en que todo lo que se manifiesta en tu práctica es porque ya está listo para sanar. El objetivo de las preguntas es guiarte en la sanación, convirtiéndola en aprendizaje. No todas tienen respuesta, si alguna no te hace sentido simplemente suéltala y avanza con la siguiente pregunta.

7. Sanar otro Samskara

Repite los pasos 5 y 6 tantas veces quieras. Tu subconsciente te mostrará los siguientes espacios que necesites sanar. Una vez que sientas que ya no hay más espacios o *Samskaras* que necesites sanar o reinterpretar durante esa práctica, entonces ve al siguiente paso.

8. Integración

Es importante dar un comando de cierre antes de finalizar tu práctica: un comando que te sugiera completar la sanación de forma profunda, integrando creencias y reconectando todos los aspectos del Ser: físico, emocional, mental, energético y espiritual. Si así lo sientes, en este momento comparte los beneficios de tu práctica con todos los seres que lo necesiten. A través de tu intención puedes expandir y transmitir esa paz y bienestar.

Una vez completa la sanación, trae al presente todo este aprendizaje, haciendo conexiones entre lo experimentado y el ahora, siempre a través de tu respiración.

9. Salida del trance

Al momento que desees finalizar la práctica, te recomiendo que lo hagas a través de una cuenta regresiva de diez a uno o de cinco a uno. En cada número afirma positivamente tus enseñanzas, agradeciendo, trayendo al presente (a través de tu intención y respiración) ese estado de bienestar. El objetivo de este paso es precisamente plasmar la sanación para hacerla perceptible. Durante este proceso te sugiero fortalecer el reconocimiento de la frecuencia, las creencias, aprendizajes y emociones modificadas a través de una breve recapitulación de la experiencia.

Una vez despierto, te sugiero siempre escribir y crear un diario de tus prácticas de Hipnosis de Sanación® que te permitan llevar un mapa de tu percepción. Esto facilitará tu neuroprogramación, sanación y manifestación.

«Que tu nueva responsabilidad sea tu habilidad de responder con amor».

Caso 4: Ira y amor.

स्नेहं दुराग्रहश्च।

Jorge Basurto

El caso de Jorge nos demuestra cómo la Hipnosis de Sanación® puede diagnosticar las causas psicosomáticas de una enfermedad y ayudarnos a sanarlas.

Jorge es gastroenterólogo en una clínica de la Ciudad de México. Tenía 55 años y padecía una debilidad hepática crónica y hereditaria, que tras décadas de medicamentos le habían causado una variedad de efectos secundarios, entre los cuales se encontraba un reflujo permanente que le impedía alimentarse y dormir. Por su profesión, Jorge nunca había considerado tratarse con medicina complementaria; sin embargo, en su desesperación decidió probar la Hipnosis de Sanación®.

A pesar de que contaba con un detallado diagnóstico médico, le sugerí que lo complementáramos con el objetivo de observar en detalle la conexión de su sintomatología psicosomática.

En la primera sesión de hipnosis, Jorge comenzó a observarse a sí mismo. Se dio cuenta de cómo su percepción se iba elevando y podía ver su cuerpo físico seguido de una energía de color negro que correspondía a su mente. Más arriba estaban sus emociones que oscilaban de forma desordenada y multicolor, y, aún más arriba, se encontraba un campo azul oscuro que era su dimensión espiritual. «¡Soy mucho más que mi cuerpo físico!», exclamó sorprendido, «Mi Ser se expande hasta nueve veces mi tamaño, incluso, afuera de esta habitación».

Tras la pregunta «¿Qué es lo primero que debo sanar?», Jorge percibió con claridad que este campo mental se manchaba de negro, debido a una especie de humo emanado del hígado. «Es mucho odio, coraje y rabia que cargo en el hígado y no me permite interpretar la existencia desde la alegría y el perdón. La ira cubre todos mis pensamientos y reacciones».

Ante la pregunta «¿Está listo el hígado para sanar?», percibió su cuerpo espiritual lleno de antepasados, reconoció algunos y otros no. Todos estaban enojados y tristes porque tuvieron vidas duras, injustas y sus emociones nunca quedaron resueltas, al contrario, continuaron siendo transmitidas de generación en generación a través del ADN: la memoria celular.

Sus antepasados le explicaron que él tenía la posibilidad de liberarse a sí mismo y sanar su hígado a través del perdón y la aceptación, pero que, además, al hacerlo les permitiría a ellos descansar y más importante aún, liberar a generaciones venideras de esa carga.

Entonces Jorge preguntó: «¿Es posible que el ADN cargue ese tipo de emociones y esto sea causa de disfunciones y enfermedades?» La respuesta que recibió fue: «El ADN es memoria individual y colectiva».

Tras la sanación, Jorge sintió cómo sus cuerpos mentales, emocionales y espirituales fueron cambiando de color, soltando y haciéndose cada vez más livianos y más luminosos. Comprendió que cargar con odio, culpas, rencor y victimización le generó reacciones psicosomáticas que enfermaron su cuerpo y el de otras generaciones. También entendió que sanar no es solo una opción, sino que es una responsabilidad y un acto de amor.

Jorge lloró de alegría, emocionado, al encontrar lo que él mismo catalogó como una nueva forma de entender la vida. Su actitud cambió y decidió dejar las medicinas que había tomado para la debilidad hepática. Tomó la hipnosis como una práctica cotidiana de relajación, autoconocimiento y neuroplasticidad. Al poco tiempo, sus síntomas no solo se fueron, sino que la disfunción hepática desapareció.

Hoy, Jorge siente que su vocación es mucho más profunda; es también su misión, porque la realiza desde un espacio de amor y agradecimiento que le brinda la alegría de vivir, y todo esto lo comparte ahora con su familia y sus pacientes.

CAPÍTULO V

Un nuevo enfoque a la sanación

Cuando tenemos un desequilibrio, hábito, trauma, fobia o un patrón que con el tiempo degenera nuestra salud, aparecen uno o varios síntomas. Casi siempre, los síntomas tienen una intuición asociada, la cual nadie nos ha enseñado a escuchar. Al contrario, nuestra relación con el síntoma es quitarlo, creyendo que con eso sanamos el desbalance o la enfermedad. Muchas veces vivimos por varios años o la vida entera con un síntoma, relacionándonos con él desde la negación o normalizándolo.

Para esto, la medicina alopática es muy efectiva, ya que su enfoque es inhibidor, es decir, suprime o reprime la percepción del dolor o la emoción considerada como negativa. Este enfoque es, sin duda, en muchos momentos muy útil; sin embargo no va a la raíz de la información o advertencia que nos está brindando el cuerpo.

Esta creencia viene de las religiones, el poder y la ciencia en sus inicios, cuando el ser humano se percibía como un sujeto separado de su entorno y con una capacidad de observación objetiva. Bajo este paradigma se hace necesario tener todo tipo de intermediarios para comunicarnos con Dios, a través de la religión; con la Naturaleza y la realidad, a través de la ciencia; y con nosotros mismos, a través de médicos y especialistas, validando solo el conocimiento racional.

A pesar de que todo va cambiando, especialmente el enfoque científico que ahora valida la autopercepción e intuición a través de la física cuántica y la neurobiología, muchos seguimos cargando estas creencias que actualmente solo conceden nuestro poder y capacidad personal a otros.

¿Te has preguntado alguna vez si una enfermedad verdaderamente sana cuando el síntoma se va? ¿Qué es sanar? Sin duda, es una pregunta muy profunda, cuya respuesta vendrá tras el proceso único e individual de cada persona. Algunos lo describen como un proceso de dejar ir, de autoconocimiento, aprendizaje, de conexión con el dolor, de crisis y cambio, entre otros. Cada quien va marcando su propia bitácora y ritmo.

El objetivo de este libro no es reglamentar este proceso, sino darte herramientas de autosanación que puedas utilizar para complementar tu proceso. La invitación mediante la Hipnosis de Sanación® es que, tan pronto notes aparecer un hábito, adicción, condicionamiento o síntoma que genere incoherencia, es decir un *samskara*, practiques para comunicarte con su información.

Tras décadas de experiencia como terapeuta en muchas culturas y con gente de todas las edades y condiciones, he observado ciertas tendencias o premisas que te comparto solo en caso de que puedan ser útiles y hagan sentido en tu camino.

Por medio de la Hipnosis de Sanación® puedes ser co-creador y partícipe de un proceso neuroflexible, dejándote sorprender por tus capacidades de exploración, cambio y adaptación de tu realidad. Recordemos que existe más de un 90% de nuestra neurobiología que por lo general no exploramos.

Tratamos de explicarnos la realidad y solucionar todo a través la racionalidad, el órgano de la visión y la percepción lineal del tiempo, que corresponde a un porcentaje mínimo de tu percepción, dejando de lado los otros sentidos, la imaginación y el campo onírico que conforman el total de nuestro potencial. Nuestras capacidades desde esa perspectiva son ilimitadas.

Sea cual sea el camino de sanación, en el recorrido, generalmente vamos de la oscuridad a la luz, de la crisis al bienestar y del ego en desbalance a la compasión.

Cuando hablamos del ego nos referimos a ese aspecto inherente al humano de autopercepción que nos define, forma nuestra personalidad, nos protege, identifica, y que es guiado por nuestra historia personal en conjunto con nuestras creencias, apegos y hábitos. ¡El ego en balance es maravilloso, nos protege y permite percibir e interpretar la existencia! No obstante, en desbalance nos obliga a la búsqueda de placer constante, resistencia al cambio y a cobijarnos en los miedos del subconsciente, lo que a veces puede ir en contra de nuestra salud y bienestar.

«El sufrimiento es la tensión intrínseca a nuestro esfuerzo por mantener una personalidad o creencia determinada».

Tips para sanar: Tríade de manifestación

¿Cuándo aparece la enfermedad? Lo cierto es que para que un síntoma se manifieste en tu cuerpo, se necesitan mínimo tres factores que lo generen. Con un factor o dos, no habrá un síntoma perceptible; no obstante, estarás en un proceso degenerativo y al aparecer el tercer factor, es cuando recién comenzarás a percibir una manifestación.

Lo más importante es comprender que la debilidad que te hace susceptible a los factores viene de tus pensamientos y creencias que conforman tu historia y personalidad. Cuando un pensamiento atenta contra tu salud, el ego se mueve hacia un desbalance. Desde esta perspectiva, sanar consiste en encontrar tu camino medio, o un ego en balance, que se da cuando tus pensamientos no te están saboteando constantemente. Es por esto que debemos abordar la enfermedad también desde el subconsciente.

Las enfermedades crónicas y degenerativas suelen tener más de tres factores.

Tríade de manifestación

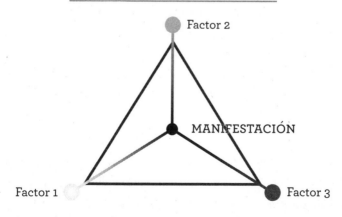

Por ejemplo, si el síntoma es un dolor de cabeza, una de las causas puede ser el estrés, que a su vez permite el aumento de la presión arterial; pero el dolor no aparece hasta que tenemos un tercer factor gatillador o desencadenante como la falta de sueño, la mala alimentación u otra emoción que no podamos digerir. Para corregir la enfermedad, es preciso identificar esta tríade y modificar uno o más factores de ser necesario o posible, pero, además, es importante cambiar tus pensamientos o paradigmas.

Es desde esa perspectiva que nuestro enfoque a la enfermedad será preventivo, holístico y nos haremos responsables de nuestros condicionamientos y tendencias de forma más consciente y activa.

Dada la enfermedad, el ser humano comienza a manifestar crisis, miedo, se siente abrumado y pide ayuda. Dependiendo de nuestras creencias normalmente acudimos primero a la alopatía y comenzamos un tratamiento inhibidor basado en medicamentos.

Muchas veces el tratamiento puede ser exitoso, pero en muchas otras ocasiones el síntoma regresa o cambia, debido a que no estamos modificando la suficiente cantidad de factores. Entonces, no solo reaparece la enfermedad, sino que el cuadro puede ser aún más complejo y nuestra situación emocional mucho más inestable. Generalmente, es en este momento que buscamos alternativas o complementos para sanar.

Considero crucial aquel momento en que nos rendimos, pedimos ayuda y aceptamos que estamos en crisis. Salir de la negación y comenzar la búsqueda de sanación es un acto de fuerza y voluntad, de empoderamiento y descubrimiento de nuestras propias capacidades.

La tríade de manifestación es parte de muchas filosofías, desde la Kabbalah a la filosofía Védica, el cristianismo y también la naturopatía. No solo podemos aplicar este principio para la salud o enfermedad, sino también cuando quieres manifestar algo, lo que llamamos «cocreación». Utilizando la tríade, tu manifestación se dará cuando puedas alinear conscientemente tres factores: tu pensamiento y emociones, tus palabras, y tu acción.

Factores que desencadenan las enfermedades

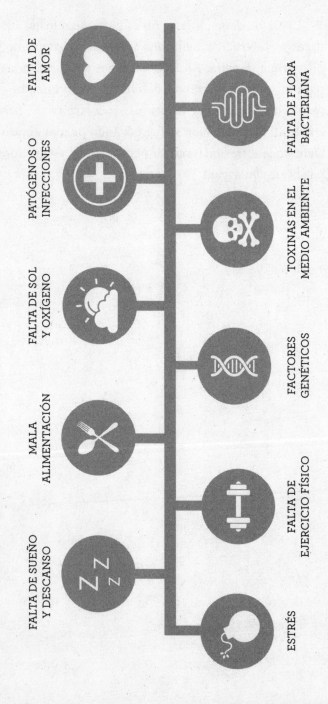

FALTA DE SUEÑO Y DESCANSO

MALA ALIMENTACIÓN

FALTA DE SOL Y OXÍGENO

PATÓGENOS O INFECCIONES

FALTA DE AMOR

ESTRÉS

FALTA DE EJERCICIO FÍSICO

FACTORES GENÉTICOS

TOXINAS EN EL MEDIO AMBIENTE

FALTA DE FLORA BACTERIANA

El punto de inflexión

Cuando hemos probado muchas cosas y estamos cansados, doloridos o frustrados, nos sugieren buscar ayuda. Respondemos de forma esquiva, o solemos posponerlo porque en el fondo no lo aceptamos. Sin aceptación, no hay sanación. La aceptación primero se da de forma interna y luego debe ser externalizada.

Salir de la negación nos genera un espacio de observación y, sin duda, de vulnerabilidad: aceptamos que podemos tomar un rol activo en nuestra sanación y desde esa toma de consciencia, podemos comenzar con el proceso. Reconocer nuestra realidad tal cual es, nos permite salir del espacio de culpa o de victimización para hacernos responsables de nuestro proceso de aprendizaje desde la humildad y la aceptación.

Autosabotaje

En distintos momentos de nuestro proceso de sanación se manifestarán las tres resistencias del ser humano: miedo a perder el control, a dejar ir (al desapego) y a lo desconocido. Son autosabotajes que podemos enfrentar en varios momentos y que nos indican que vamos por buen camino porque estamos intentando cambiar una concepción o sentimiento que nos provoca dolor.

En este proceso de autoconocimiento, iremos observando el sufrimiento como una tensión intrínseca a nuestro esfuerzo por mantener una personalidad determinada. De ahí que, por ejemplo, para el budismo, chamanismo y otros caminos espirituales, la búsqueda de la liberación radica en destruir el ego o la ilusión de la personalidad, cuestionarla, flexibilizarla, adaptarla e incluso desaparecerla.

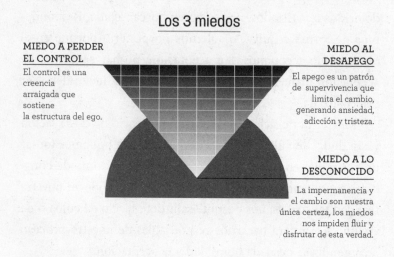

Los 3 miedos

MIEDO A PERDER EL CONTROL

El control es una creencia arraigada que sostiene la estructura del ego.

MIEDO AL DESAPEGO

El apego es un patrón de supervivencia que limita el cambio, generando ansiedad, adicción y tristeza.

MIEDO A LO DESCONOCIDO

La impermanencia y el cambio son nuestra única certeza, los miedos nos impiden fluir y disfrutar de esta verdad.

Transmites tu sanación

Cuando llegamos a entender nuestro condicionamiento, bloqueo o emoción, muchas veces no sabemos cómo soltar y cambiar ese patrón. La Hipnosis de Sanación® es un método para transmutar a través del perdón, el agradecimiento, tomando consciencia y dejando ir una sensación, emoción, creencia o recuerdo que nos hace sentir mal, que ya no es necesario o coherente para nuestra evolución; es lo que llamo la digestión emocional y espiritual. Entonces experimentamos bienestar, nos sentimos literalmente más livianos, y poco a poco la crisis se reinterpreta como un aprendizaje: ¡Ya tienes una nueva percepción! ¡Has creado una nueva red neuronal!

Llegamos a la conclusión del proceso y descubres algo maravilloso: tu sanación será experimentada por tu entorno y más personas se beneficiarán de ella. Te sorprenderá que, desde el plano emocional y energético, las personas que te rodean sabrán que has sanado y así te lo harán saber, porque los estados de consciencia se transmiten: este es tu sello de sanación.

Sanar implica rendirse y reconocerse vulnerable, aceptar el cambio para tomar una nueva fuerza y responsabilidad, hacerte perceptivo y sensible ante lo que te rodea y afecta para transformarlo desde el interior. ¡Sí! Te hace fuerte estar en contacto con tu vulnerabilidad. Al contrario de lo que nos han enseñado, poner resistencia debilita, entristece y alimenta el ego.

Curiosamente, el proceso de sanación de la enfermedad te lleva a salir de la ilusión del individuo y de tu historia personal para estar más consciente y en conexión con todo. Te conecta con la compasión, pero no desde la lástima, sino desde la empatía, desde el comenzar a dar y observar que la magia de la felicidad es que no importa si es tuya o de otro: los estados de consciencia se transmiten. Así es el concepto de *Karma Yoga*, el dar o hacer sin esperar nada a cambio nos lleva a un estado de libertad en la acción, a través de trascender las motivaciones del ego.

La sanación personal trata en gran parte del reconocimiento de esa interdependencia y la impermanencia como una no cesación. No comenzamos o terminamos, solo cambiamos en constante interconexión. Hoy la física cuántica y las nuevas ciencias avalan que somos frecuencias en constante movimiento vibracional.

«*Tu tarea no es buscar el amor, sino buscar y encontrar dentro de ti todas las barreras que has construido en su contra*».

RUMI

El paradigma del amor y el encuentro contigo

Actualmente vivimos un momento histórico privilegiado, en el que el vínculo entre la espiritualidad y la ciencia se ha vuelto más estrecho. La física cuántica, la neurobiología y la psicología transpersonal validan la hipnosis y, sin duda, este reencuentro de la razón con la intuición y el campo de lo mental nos acerca a una nueva cosmovisión.

Por ejemplo, mediante la información celular y los campos morfogenéticos podemos reconocer la existencia de una memoria más allá de nuestra individualidad o a través de la teoría de aceleración de la percepción del tiempo, podemos entender el incremento en la dualidad y así también en nuestra capacidad de sanación y cocreación de la realidad.

En definitiva, hay un cambio global de paradigmas que brindan un reconocimiento de la consciencia, la mente y la percepción de forma holística. Ahora, más que dividir y separar creencias, existe la posibilidad de integrar y complementar, utilizando tantas herramientas como tu intuición y razón te indiquen.

Se abre la posibilidad de abordar la sanación como un todo, que va más allá de quitar un simple síntoma físico y precisa un mayor entendimiento del ser humano, desde una alianza voluntaria entre la alopatía y la medicina complementaria, a partir de las nuevas ciencias, la física cuántica y la sabiduría ancestral.

Bajo esta nueva forma de pensar, la experiencia humana se transforma en un constante viaje de cambio y aprendizaje, interconexión y exploración de tu propio Ser; en una relación compasiva, desde el amor con todo lo que te rodea.

El amor es una presencia o frecuencia que está ahí para todos. Puede que no lo veas tan claro en algunos momentos de tu vida y te sea difícil encontrar el dial de reconexión, pero si estás determinado, tienes toda la capacidad de experimentarlo.

Desde luego es prioritario entender qué hacemos y por qué perdemos esta conexión natural que se nos ofrece a todos por igual; la respuesta está dentro de ti. Las experiencias de esta y otras vidas nos hacen construir barreras al amor para no ser dañados nuevamente. La sanación se encuentra al derribar los muros, no al aumentarlos.

Un regalo te espera al final del camino: encontrar un sentido sagrado a la existencia, tu *Sankalpa* o propósito.

Caso 5: Perdón y aceptación.
क्षमा स्वीकृतश्च।

Ana Patricia Rojo

El caso de Ana Patricia nos muestra cómo somatizamos emociones recientes que generan una carga emocional importante, afectando nuestra salud de forma determinante y muchas veces repentina. Sin embargo, si actuamos de forma receptiva podemos sanar muchas de estas enfermedades psicosomáticas a través de la Hipnosis de Sanación®.

Ana Patricia Rojo es una reconocida actriz mexicana, con una larga trayectoria de triunfos en el teatro y la televisión. En julio de 2015, la vida le puso una prueba difícil y fue diagnosticada con un cáncer cervicouterino en etapa inicial. Si bien la recomendación médica inmediata fue cirugía, antes de decidir, Ana siguió su intuición y decidió explorar las causas de su enfermedad en una sesión de Hipnosis de Sanación®. Esta fue su experiencia:

Ana veía todo negro, un gran cansancio y falta de energía circulaba por todo su cuerpo. Era el flujo libre de su energía vital indicando agotamiento. Tras el comando de «ir restableciendo y recuperando su energía», el bloqueo del flujo libre se hizo más perceptible: se trataba de una herida que estaba abierta. Ana le preguntó a la herida:

—¿Por qué estás ahí?

—Represento el dolor por el cierre de una relación. —Efectivamente, meses atrás, Ana había terminado una relación muy importante en su vida.

—¿Estás ya lista para sanar? —Volvió a preguntarle.

—Aún no. —Respondió la herida.

—¿Y qué es lo que necesito para sanar? —Continuó preguntando Ana.

—Crecer, soltar y cambiar. Aceptarte y amarte, reconocerte a ti misma.

En ese momento, Ana observó con mucha claridad que tenía la creencia de que a este plano terrenal venía a sufrir y justo esta experiencia le recordó que no, que su misión en esta vida es ayudar, amar y compartir.

Tras este cambio de paradigma, la herida se manifestó lista para sanar. A través del perdón y el agradecimiento, Ana comprendió que este difícil momento en su vida traía consigo un regalo de sabiduría, un sentido y propósito de vida. Sintió que la herida iba disminuyendo con el tiempo, hasta desaparecer completamente. A través de la Hipnosis de Sanación®, Ana aprendió a conectarse con su intuición a niveles más profundos que los racionales.

Semanas después, se realizó una nueva biopsia, a pesar de que el doctor quería operarla tras conocer el diagnóstico de la primera. El resultado sorprendió a todos: la cirugía ya no era necesaria. El cáncer había desaparecido. Ana había sanado sus heridas físicas y emocionales.

CAPÍTULO VI

Recomendaciones para tu práctica de neuroprogramación a través de la Hipnosis de Sanación®

Este libro te invita a iniciar una práctica personal para que descubras tu propia capacidad de sanación. Recuerda que tu operador puede ser interno, tu propia intuición, un audio o un externo. En este caso, la elección de un buen terapeuta es de vital importancia. Debes sentirte bien y en confianza con el operador.

El consentimiento inicial es la clave para empezar la práctica de la Hipnosis de Sanación®, y luego es imperativo la explicación del proceso terapéutico. En ocasiones, los terapeutas de esta técnica utilizamos el *tapping* para profundizar el estado de trance, o como comando de cambio y sanación. Un terapeuta siempre debe explicarte y pedirte permiso para hacer contacto físico contigo. En todo momento, te debes sentir seguro, respetado y consciente de tu proceso de sanación. La armonía con el operador al que acudes y un buen espacio físico donde transcurre cada sesión son imprescindibles.

Si bien te recomiendo llevar un objetivo terapéutico o varios a tu sesión de Hipnosis de Sanación®, intenta no apegarte a las expectativas de cómo deba ser la experiencia. Muchas veces, llegamos a la hipnosis por un libro como este o por algún amigo que te relató su vivencia, pero lo cierto es que ninguna experiencia es igual a la otra, incluso en la misma persona.

No siempre se dan experiencias visuales o se recrean vidas anteriores. Tu hipnosis puede manifestarse tan cambiante como los sentidos de tu percepción, por medio de la kinestesia, el olfato, los sonidos, las emociones o la memoria. Sabrás que estás en hipnosis por el nivel de información que interpretas de cada manifestación.

Confía que el subconsciente te indicará el mejor camino, sigue siempre tu intuición y, si necesitas apoyo, busca un terapeuta calificado en la técnica, quien evaluará cuál es el mejor tipo de inducción para ti y, siempre y cuando se lo permitas y estés de acuerdo, guiará tu proceso de Hipnosis de Sanación®.

Si no sientes que junto a tu terapeuta estás logrando el objetivo de sanación, no te sientas mal, busca por otro lado; la experiencia te dará nuevas oportunidades. Recuerda que tus capacidades de neuroplasticidad son infinitas, sigue practicando. La constancia y perseverancia en tu práctica personal son clave.

Ten paciencia con tu proceso y recuerda que, por lo general, no ha sido parte de nuestra educación reconocer la intuición, menos valorar las emociones y percepciones. Estás por comenzar a explorar una nueva relación contigo mismo. Trata de enseñarle a las nuevas generaciones esta correspondencia de observación y cocreación para fortalecer su capacidad infinita de autosanación.

En un diario lleva nota de tus sesiones, todo lo que recuerdes, tus *insights* o tomas de consciencia, incluso los sueños que pudiesen estar relacionados. Esto tiene el objetivo de ayudar a la memoria para que con el tiempo te permita ver con aun mayor claridad y con más herramientas el camino recorrido.

Cuando vayas a sanar no lleves solo expectativas físicas; a lo mejor necesitas sanar pensamientos, elevar la energía, ir por una enseñanza espiritual. Puedes explorar todos los aspectos del ser, no te limites.

Si bien acudes a la hipnosis para empezar por tu sanación, recuerda que estás en interdependencia con todo lo que te rodea y esa conexión permite que expandas y compartas ese beneficio con los demás seres por medio de tu misión e intención. De la misma forma, en la Hipnosis de Sanación®, siempre que alcances un estado de paz y sanación, te recomiendo la práctica de *Metta Bhavana*: compartir los beneficios con todos los seres sintientes a través de la intención y gratitud.

Con la práctica de Hipnosis de Sanación® inicias un proceso de neuroplasticidad que se debe plasmar y fortalecer en los días y semanas que continúan, para el cuál te doy tres recomendaciones:

1. Hidrátate bien. La neuroplasticidad deshidrata en un proceso de plasma al reprogramar la memoria. Si te sientes cansado o con un poco de dolor de cabeza la recomendación es no olvidar tomar agua.
2. Continúa con una práctica personal a través de los audios gratuitos de Hipnosis de Sanación®, *Yoga Nidra*,

meditación y respiraciones para fortalecer las nuevas redes neuronales y tus nuevas creencias y bajar el cortisol.

3. Observa tu palabra y habla con posibilidad. Muchas veces tras la hipnosis tenemos grandes *insights* y aprendizajes, y luego salimos de la sesión hablando y sosteniendo nuestra antigua red neuronal. Debes poner en palabras la nueva posibilidad encontrada para fortalecer tus nuevas redes neuronales.

Toda sanación individual nos muestra y retribuye el regalo del Universo de ser útil al dar y permitirnos recibir en coherencia y balance con el propósito o *Sankalpa* de tu alma, la memoria ilimitada de tu consciencia.

«La relación más importante que vienes a experimentar y descubrir es contigo mismo».

Caso 6: Reencuentro y paz.
पुनर्मलिनं शान्तश्च।

Matías Vega Rojas

*El caso de Matías muestra cómo, a través de la
Hipnosis de Sanación®, podemos comunicarnos con
seres queridos que ya no están, recibiendo sus mensajes
y bendiciones, cerrando ciclos tanatológicos,
alcanzando así mayor paz y entendimiento al proceso
de trascender.*

Matías Vega es un reconocido comunicador en Chile, con una exitosa trayectoria en radio, cine y televisión. En una etapa de su vida estaba atravesando por un gran estrés y mucha incertidumbre; fue así como llegó a la Hipnosis de Sanación®. Su padre había fallecido unos años atrás y él sabía que necesitaba sanar su pérdida, entre otras cosas. Matías se sentía perdido y sin la claridad para saber qué era exactamente lo que le afectaba tanto.

Al iniciar con la hipnosis, Matías se transportó a un muelle en donde llegó una embarcación con ocho personas que él esperaba. Se puso muy feliz al ver que las personas que descendían de la embarcación eran su familia, la misma familia de esta encarnación: sus hermanos, sobrinos, su mamá y papá, todos estaban presentes. Estaba en Francia en el año 1813, cuando en una noche fría, sus padres discutieron fuertemente y la mamá decidió dejar a la familia e irse. Padre e hijos sintieron un gran dolor.

El abandono de su madre causó en Matías una profunda herida emocional en esa encarnación, por lo que se dedicó a trabajar arduamente intentando llenar ese dolor. Llegó a ser muy rico pero sus carencias emocionales de la infancia le impidieron disfrutar de la vida y de su familia.

En esa vida Matías murió a los 48 años y, al desencarnar, su alma se elevó de la mano del Arcángel Gabriel, quien le explicó que le faltó dedicar amor y atención a su familia, y que su mamá juró volver a reunirse con ellos para cuidarlos y protegerlos en esta encarnación presente. Comprendió que llevan muchas vidas viajando en grupo y que han tenido múltiples experiencias en los diferentes cambios de rol dentro de su misma familia.

Más adelante en la hipnosis, Matías se trasladó a otra encarnación en Egipto, en el 400 d.C. Vestía una túnica roja y sandalias, caminaba por el desierto de pueblo en pueblo dando enseñanzas de sabiduría. Su nombre era Esterod. Recordó que no tenía familia, solo un perro. Fue abandonado de pequeño y su misión en esa vida fue encontrar la sabiduría a través de la experiencia y compartirla, así que Matías meditaba en cavernas. A pesar de estar solo, fue una vida de mucha introspección y felicidad, era asceta.

Al desencarnar se elevó hacia un espacio entre vidas, en donde lo esperaba el perro que lo acompañó en ese camino. Lo recibió en esa dimensión con una llave junto a un mensaje que le manifestaba que ahora podría acceder a la sabiduría adquirida en esa encarnación.

Matías decidió utilizar la llave y en ese momento se transportó al interior de su cerebro y cuerpo. Ahí tuvo la posibilidad de percibir y arreglar todo lo que andaba mal. Pudo ver con detalle cómo funcionaban su cuerpo y sus emociones, así como sus funciones neurobiológicas. Mientras esta sanación se iba realizando, sintió la presencia de dos seres que lo observaban: uno era Dios y el otro su papá.

«En esta vida lo que te queda es creer y confiar, ven acá, hijo», le dijo su padre mientras se acercaba para abrazarlo.

Gracias a la hipnosis, Matías no solo pudo abrazar a su papá nuevamente, sino que lo ayudó a sanar el dolor de la pérdida y establecer otro tipo de conexión omnipresente con él. Además, entendió que muchas almas viajan en grupo, intercambiando roles para completar su aprendizaje. Comprendió que en esta vida su misión es comunicar desde la sabiduría, amar a su familia y aceptar los cambios con confianza, ya que siempre estará protegido.

«No te tomes nada personal, ni te confundas con la fama y el éxito material, ahora vienes a disfrutar del amor en familia» le dijo su padre al despedirse.

«Un propósito del Universo es experimentarse a sí mismo a través tuyo de forma única e irrepetible».

CAPÍTULO VII

Conclusiones y más casos

La hipnosis es un estado de atención focalizada que nos permite percibir y recordar para saber, soltar y sanar. Es una capacidad inherente al ser humano que se manifiesta como un fenómeno de consciencia, psicológico y neurofisiológico. Existen varias técnicas de hipnosis y en este libro presentamos la Hipnosis de Sanación® con un marco teórico holístico en el cual somos parte de un todo, ya que poseemos información y habilidades cruciales tanto para el diagnóstico como para la sanación, a través de la neuroprogramación.

Por medio de la Hipnosis de Sanación® podemos explorar todos los aspectos de nuestro ser, por ejemplo, la memoria para sanar traumas, reinterpretar creencias y percepciones; reordenarla y cambiar hábitos. Además, podemos trabajar nuestras emociones, dejando ir y perdonando, por medio de un entendimiento espiritual más empático y amoroso desde el agradecimiento y el aprendizaje. Podemos manejar la percepción del dolor, así como tratar enfermedades crónicas y agudas, y visitar múltiples dimensiones espirituales, entre muchas otras cosas.

Este libro es una invitación a empoderarte y descubrir tus capacidades de autosanación y neuroplasticidad, comprendiendo la hipnosis desde un marco teórico amplio que integra las nuevas ciencias y la sabiduría ancestral con la exploración de la consciencia a través de los 9 pasos de la técnica Hipnosis de Sanación®.

Hoy puedes retomar tu capacidad inherente de neuroplasticidad y entenderla como una oportunidad de cocrear tu realidad desde el interior, a través de esta maravillosa técnica milenaria que por siglos nos fue vetada, y que hoy se une a la ciencia de vanguardia para el beneficio de nuestra salud.

La hipnosis nos permite lograr una sanación que va más allá de los límites de nuestra individualidad. Cuando recordamos nuestro propósito, este nos entrega una firme determinación que logra la coherencia de beneficiar y sanar también a nuestro entorno.

Caso 7. Dejar ir.

गन्तुं दद्यात्

María Ibarra

Durante esta pandemia de Covid 19 todos hemos pasado por duelos, cambios, muertes, cierres de relaciones y ciclos muy importantes. En Hipnosis de Sanación® podemos reinterpretar nuestra relación con la muerte a través de la conexión con la memoria del alma y recordando nuevos lenguajes con nuestros seres queridos que han desencarnado.

María vivió tres duelos en un año y medio: su padre falleció, terminó con su novio de una década y atropellaron a su perrita que amaba.

Comenzó a experimentar ansiedad extrema, pánico, hipocondría y un miedo a la muerte que no le permitía dormir ni cerrar los ojos. Su sistema inmunológico se vio sobrepasado e incluso generó lupus. María se sentía triste, culpable y muy confundida cuando llegó a la práctica de Hipnosis de Sanación®.

Durante la sesión recordó un espacio entre vidas donde realizó un contrato de almas basado en la vida pasada de un grupo álmico en el que se suicidaron todos juntos tirándose por un precipicio. Eran perseguidos en esa encarnación. Guardaban un secreto de sabiduría que los obligaba a sacrificar sus vidas y tenían un acuerdo que determinaría su aprendizaje por varias encarnaciones.

María preguntó en un espacio entre vidas si aún era operativo ese contrato y la respuesta de su alma fue que ya no era necesario. Al contrario, el mensaje guardado debía ser expandido con amor. «¿Cuál es el mensaje que debo recordar?», preguntó.

Recibió el siguiente mensaje: «La oscuridad no es mala. Más allá del juicio, podemos atravesar nuestros miedos con amor. Llegarás a un espacio de conexión y libertad infinita que está solo en tu interior».

Tras recibir ese mensaje, María liberó ese contrato y experimentó un estado de completa paz donde su alma se continuó elevando a dimensiones aún más sutiles. En ese lugar la esperaban su padre y su perrita. Ellos la recibieron con un abrazo, le agradecieron por liberarlos de ese contrato y le recordaron lo bien que están.

«Transmite este mensaje de sabiduría y nosotros siempre te cuidaremos y guiaremos», le dijeron. «Estás contenida y acompañada de infinito amor incondicional, ningún miedo es necesario».

Tras esta experiencia, María cambió por completo, comprendiendo que nadie la había abandonado ni dejado. Reinterpretó sus duelos transformándolos en sabiduría y amor.

En poco tiempo sus defensas fueron subiendo y creó una relación de observación con los miedos para fortalecer su sistema inmunológico permanentemente.

El amor propio fortalecido y la compasión hacia todos, generó en ella un estado de armonía y paz que pronto le permitió crear nuevas relaciones sanas y fuera del círculo de victimización y culpa. Hoy María es una practicante muy constante de la Hipnosis de Sanación® y lo utiliza como una herramienta de salud mental e integral.

Caso 8. Depresión y desórdenes alimenticios.

विषाद:एवं भुजविकिार:

Francisca Moller

Francisca era una joven de 17 años con depresión crónica y desórdenes alimenticios desde la infancia. Llegó a la Hipnosis de Sanación® tras años de terapia reconociendo que se sentía profundamente rechazada por todos, lo que le producía inseguridad, tristeza y frustración. Sin importar qué hiciera para agradar a los demás, nunca era suficiente.

En Hipnosis de Sanación® se conectó con su infancia. Recordó sus 4 años sola en casa, a su madre deprimida acostada y sedada en su habitación, y a su padre, quien aunque sí estaba en casa, no le prestaba atención. «Soy invisible y en casa existe una energía de profunda tristeza», reconoció.

Preguntamos si la tristeza venía de ella o de antes y recordó que la raíz de su tristeza era de siete generaciones más atrás. Recordó entonces una encarnación de ancestros en la que tuvieron una vida muy dura, de hambruna y pobreza, en la que tuvo que trabajar desde la infancia, sin lograr nunca tener lo básico. Se sentía en constante lucha y frustración. Ahí generó una relación con la comida, el dinero y la vida desde el apego, el conflicto y la carencia.

Una vez que Francisca recordó el origen de sus creencias y de su sentir más profundo, también recordó que ella, en esta encarnación, venía a experimentar la valentía y el amor propio.

Desde ese entendimiento comenzó a reinterpretar experiencias de la infancia como culpa, *bullying*, maltrato e inseguridad, observando cómo, al reprimir sus emociones, se castigaba a través de su relación con el alimento.

Habló con su estómago e intestinos, quienes le recomendaron nutrientes específicos para reconstruir la flora y su nutrición celular. En Hipnosis de Sanación® puedes preguntar a tus órganos y sistemas qué necesitan desde todo aspecto y te responden con una claridad de intuición rotunda complementando tu diagnóstico.

Durante tres sesiones, Francisca continuó haciendo conexiones con ancestros y vidas pasadas, perspectiva que la fue empoderando para reinterpretar su historia de vida actual.

En la última sesión exploró dimensiones sutiles y espirituales. Su alma entonces le recordó que gran parte de la consciencia humana tiene una conexión con Orión, recibió simbología egipcia específica y, a través de ella, durante la hipnosis pudo reconocer las frecuencias a las que estos símbolos la iniciaban y comprender sus mensajes y enseñanzas.

Ya no había vuelta atrás, Francisca no solo soltó la tristeza, sino que reinterpretó sus desórdenes, sanándolos y transformándolos en un propósito de sabiduría. A partir de ese momento, Francisca comenzó a cocrear su propia cosmovisión y realidad, y se transformó en una líder de consciencia, inspirando actualmente a miles de personas a través de su experiencia de cómo superó y reinterpretó sus padecimientos.

Caso 9. El camino de la liberación.

अपवर्गस्य मार्ग:

Josephine Martínez

Josephine vive en España y se incorporó en el 2021 a la Formación de terapeutas en Hipnosis de Sanación® que imparto junto a la Fundación Healing Hypnosis.

En su tercera sesión llegó con la disposición de hacer una exploración más profunda y abrirse a lo que su intuición guiara en ese trabajo personal. Se presentó diciendo: «No me voy a concentrar en mi relación de pareja, ni en dejar de fumar; me quiero regalar algo nuevo y diferente, quiero una progresión para saber qué puedo cocrear en mi presente que me sirva para adelante. Es decir, no en lo que NO tengo, sino en lo que sí tengo como posibilidad».

En la sesión, Josephine se vio caminando dentro de un túnel oscuro y de color morado. Ella iba tranquilamente en esa oscuridad hacia una salida lejana, caminando a ciegas hasta llegar a un lugar de tranquilidad y mucha paz que ella reconoció exclamando: «¡Es el camino de la liberación!»

Sintió una gran alegría, está sonriendo descubriendo en este lugar muchas programaciones, mucha información conectándose, aunque no sabe de qué se trata; hasta que se da cuenta de que está dentro de su mente y le pide un mensaje. Siente que claramente algo se manifiesta en su garganta, lo que ella entiende como el comando de dejar de fumar.

Sintió la certeza de haberlo logrado en ese preciso instante y que ya no habría vuelta atrás. Llora de emoción y exclama que ni ella misma se lo cree. Que esa vez era un hecho que se había grabado en su subconsciente y que se reflejaría también en su vida consciente, en una mejor versión de ella misma.

Esa versión le entrega una nueva creencia y mensaje liberador: «Yo soy mi propia compañía y la más importante relación es la que tengo conmigo misma». Josephine permaneció en ese espacio de profunda paz preguntando qué necesitaba hacer en el presente para fortalecer esta posibilidad y se vio de inmediato pintando, disfrutando el presente y descubriendo sorprendida que ella es mejor compañía que un cigarrillo.

Continuando su exploración, encontró a un grupo de personas en una sala que describe en detalle, ellos están debatiendo si asignarle a ella una tarea; dice que son sus guías espirituales, a quienes reconoce y finalmente deciden entregarle «El Poder de la Sanación». Después de todos los años que llevaba intentándolo, de los años que llevaba fumando, se permitió recibir esa posibilidad en el presente para crear una nueva frecuencia en plena salud. Finalmente, recibió una imagen de sus pulmones con árboles verdes, como si sus pulmones fuesen la selva amazónica.

Para Josephine, entonces, la nueva posibilidad y creencia es que se puede tener el poder de borrar el *karma* generado por los hábitos, las emociones y la culpa de sus años fumando. Que puede sanar el pasado y mejorar el presente para proyectar su futuro. Tuvo la certeza de un campo de absoluta liberación, en el cual incluso se pueden modificar las causas y efectos para un nuevo renacer.

La práctica de neuroprogramación constante, amorosa y paciente que nos permite la Hipnosis de Sanación® es una posibilidad de encontrar todo lo que necesitamos en nuestro interior.

Caso 10. Tú sanas y todos sanamos.

यदा भवान् सुष्ठु वदिधातितदा सर्वे सुष्ठु कुर्वन्ति

Marlyn da Costa

Marlyn da Costa llegó a la Hipnosis de Sanación® al solicitar una beca terapéutica de la Fundación Healing Hypnosis, cuando pasaba por una crisis profunda familiar y personal.

Sentía que su vida era caótica, sin sentido, envuelta en maltrato y carente de valor. Marlyn, como muchas madres en ese momento, solicitó ayuda por sus hijos, espacialmente Mariángel, quien a sus 7 añitos sufría de ataques de ansiedad y pánico.

Pero a través de su práctica, Marlyn fue observando que al ocuparse de su propia sanación podía ayudar a sus hijos y familia. Al concluir la beca terapéutica, Marlyn decidió estudiar Hipnosis de Sanación® para continuar con su proceso y ayudar a los demás.

Tras un año de estudio y práctica de Hipnosis de Sanación®, Marlyn llegó a su sesión de cierre, en la cual experimentó un salto cuántico: «Me siento expandida e iluminada, por primera vez reconozco mi fuerza y poder», dijo al ingresar en hipnosis. Su corazón latía fuerte dándole el mensaje «No tengas miedo».

Tras varios meses como practicante y terapeuta en formación, ella sabía que en Hipnosis de Sanación® todo miedo es una posibilidad de aprendizaje y amor. Por tanto, se atrevió a conectar con la raíz de ese miedo. Venía de la inestabilidad familiar y emocional de su infancia, experiencia que a su vez venía de ocho generaciones más atrás. Pudo comunicarse con la memoria celular de sus ancestros que le explicaron que ese miedo les permitió sobrevivir; sin embargo, ya no era necesario. Y comprendió con claridad que su situación familiar del presente era solo un patrón que se repetía por generaciones.

Junto a sus ancestros pudo observar que, incluso durante las experiencias más difíciles, siempre hubo una luz que los acompañaba y que esa luz reside siempre en su corazón. «Es un diamante en el centro del pecho que actúa como un prisma expandiendo y reflejando luz. El mensaje es que yo puedo decidir si vivir desde la luz o la sombra, desde el amor o el miedo. Estableciéndome en la luz no hay dificultades, sino oportunidades».

Marlyn experimentó un estado de consciencia más allá del tiempo y el espacio, y, a partir de esa experiencia, aprendió a escuchar los mensajes de su alma a través de su intuición.

Se dio cuenta de que la armonía de su hogar y el bienestar de sus hijos vendría a través de su propia sanación y la de sus ancestros. Manifestación de ello fue también que la ansiedad y el pánico de Mariángel pudieron ser controlados, y la estabilidad y armonía familiar se fueron incrementando día a día.

«Soy creadora de mi propia percepción, no hay apuro, todo con calma, certeza y amor se da de forma perfecta», dijo.

Las experiencias en Hipnosis de Sanación® nos muestran posibilidades donde muchas veces no sabemos cómo crearlas o cómo cambiar. Nos recuerda que somos ilimitados y el potencial de decidir es la joya de nuestra percepción. Hoy, Marlyn es una maravillosa terapeuta que cambia vidas e inspira a otros a través de su propia experiencia.

Caso 11: Vivir y experimentar.

जीवनम् अनुभवश्च।

Camila Healing

Este caso, en el que viví una regresión a otra dimensión, me enseñó que no existe un propósito común, sino que existen tantas realidades como seres que experimentan. De esta manera, aprendí a ser más agradecida y empática.

En el 2015 tuve una profunda experiencia de hipnosis que generó un cambio drástico en mi cosmovisión.

En hipnosis junto a mi maestro Brian Weiss, llegué a un espacio donde me encontraba junto a otros siete seres de luz, algunos de color dorado y azul. No teníamos cuerpo, éramos solo esferas de energía con una consciencia muy especial. Nos comunicábamos telepáticamente, no sentíamos emociones ni sensaciones: era un estado indescriptible de interconexión. Me tomó varios minutos comprender dónde estábamos. Se trataba de otra dimensión, otra galaxia, éramos de Sirio. Al preguntarle a estos seres de Sirio qué estábamos haciendo, me explicaron: «Ayudamos al Universo a experimentarse a sí mismo. Tenemos la capacidad de generar vida y consciencia en los astros, lo hacemos de forma desapegada y sin un fin en particular».

Me mostraron que sus creaciones las hacían como los niños, con dicha y desapego; como jugando con burbujas de jabón, disfrutando de su existencia, sin importar el tiempo ni el resultado.

Entonces, me enseñaron el planeta Tierra. Me mostraron cómo habían implantado vida y una consciencia en una especie de formas etéricas piramidales en el océano. Me dijeron que era lo que hoy se conoce mitológicamente como Atlantis.

Les pregunté que hace cuánto había sido esto, y me explicaron que era otra dimensión en donde el tiempo no tiene importancia. Todo esto era información que no cabía en los parámetros de mi comprensión de las cosas, una percepción que me era también muy difícil de asimilar, estaba en analgesia y absorción. Volví a preguntar: «Pero, ¿acaso la existencia humana no tiene un propósito? Aprender a amar, conocer a Dios, ser felices, ¿quizá?»

Me respondieron, con una gran carcajada de dicha infinita y contagiosa, una experiencia expansiva indescriptible: «El único propósito de la existencia es que el Universo se experimente a sí mismo».

Después de esta hipnosis me volví más alegre, abierta y tolerante. Aprendí a darle el respeto a cada experiencia como única e irrepetible. La intención y misión en cada consciencia puede ser diferente, así que pasé a honrar esta diferencia desde el amor. Mi vida cambió para siempre.

Es simple y genuino: el Universo, a través de nosotros, se experimenta a sí mismo en una combinación única a irrepetible, sagrada; a cada momento y en cada ser. La oportunidad que nos brinda la hipnosis es de cocrear y observar esta danza.

La Hipnosis de Sanación® es una neuroprogramación que puedes comenzar gratuitamente hoy mismo a través de los audios y videos que puedes encontrar en: www.camilahealing.com o capturando estos códigos QR.

Te sugiero el siguiente orden de audios para reprogramarte con mayor facilidad:

Yoga Nidra
Hipnosis de Sanación®
Hipnosis de Balance Emocional
Hipnosis Regresiva
Hipnosis de Linajes Femeninos
Hipnosis de Cierre de Ciclos
Hipnosis de Integración

Desde luego, siempre puedes utilizar los audios y videos de forma libre e intuitiva, ya que son seguros y útiles para todos.

DATOS DE CONTACTO

Instagram: https://www.instagram.com/camila.healing/
Web: www.camilahealing.com
Mail: contacto@camilahealing.com
LinkedIn: https://www.linkedin.com/in/camilahealing/

Para aprender autohipnosis y profundizar tu conocimiento en la técnica, te recomiendo los cursos del **Instituto Camila Healing:**

www.camilahealing.com

Si quieres formar parte de nuestra **Fundación Healing Hypnosis** a través de sus múltiples programas de beneficio a la salud mental y contención emocional, encuéntranos en:

www.fundacionhealinghypnosis.org

BIBLIOGRAFÍA
HIPNOSIS HOY

Castaneda, Carlos
Los pases mágicos
Argentina, Editorial Atlántida
2001

Dispenza, Joe
You are the placebo. Making your mind matter
Estados Unidos, Hay House Inc.
2014

Durek, Shaman
Spirit hacking
Estados Unidos, St. Martins Essentials
2019

Filoramo, Giovanni
Hinduismo
Roma, Editori Laterza
2002

Frankopan, Peter
The silk roads. A new history of the world
Estados Unidos, Bloomsbury Publishing
2016

Krishnamurti
La libertad primera y la última
Barcelona, Edhasa
1979

Mullin, Glenn H.
The six yogas of Naropa
Estados Unidos, Snow Lion Publications
2005

Ouspensky, Piotr Demianov
*Un nuevo modelo de Universo. Principios del método
psicológico*
Buenos Aires, Editorial Kier
1977

Ramtha
El libro azul. Nacimiento, muerte y reencarnación
México, Sin Límites
2003

Row, T. Subba, FTS, BA, BL
A collection of esoteric writings
Bombay, The Bombay Theosophical Publication Fund
1910

Segal, Suzanne
Collision with the infinite
Estados Unidos, Blue Dove Press Publishers
1996

Sheldrake, Rupert
Morphic resonance. The nature of formative causation
Estados Unidos, Park Street Press
2009

Sheldrake, Rupert
The evolutionary mind: conversations on science, imagination & spirit
Estados Unidos, Monkfish Book Publishing Company
2005

Spiegel, Herbert and Spiegel, David
Trance and treatment. Clinical uses of Hypnosis
Estados Unidos, American Psychiatric Publishing, Inc.
2004

Swami Niranjanananda Saraswati
Samkkhya Darshan
India, Yoga Publications Trust
2008

Swami Satyananda Saraswati
Four chapters on freedom
India, Yoga Publications Trust
2000

Swami Satyananda Saraswati
Nine principal Upanishads
India, Yoga Publications Trust
2004

Swami Satyadharma
Yoga Chudamani Upanishad: Crown jewel of Yoga
India, Yoga Publications Trust
2003

Thakar, Vimala
La urgencia por la libertad
Argentina, Kier Editorial
1997

Tenzin Wangyal Rinpoche
El yoga de los sueños
Mexico, Grijalbo
1998

Tsering Thakchoe Drungtso
Tibetan medicine, the healing science of Tibet
India, Drungtso Publications
2004

Weiss, Brian
A través del tiempo
Barcelona, Ediciones Zeta Bolsillo
2010

William, Anthony
Medical medium. Secrets behind chronic and mystery illness and how to finally heal
UK, Hay House Inc.
2015

Yogananda, Paramahansa Sri
Journey to Self-realization
Estados Unidos, Self-Realization Fellowship
1997

CONCEPTOS *HIPNOSIS HOY*

Absorción. Estado de intensa concentración.

Alma. Aspecto trascendental y espiritual del Ser que corresponde a una memoria más allá del cuerpo físico. *Sinónimo: Espíritu.*

Amnesia. Estado de percepción carente de memoria específica o pasada.

Amor. Presencia incondicional.

Analgesia. Estado de percepción sin estímulo, se utiliza con fines terapéuticos o quirúrgicos.

Apego. Tensión de resistir la impermanencia.

Asceta. Renunciante, monje, *Sadhu.*

Automaticidad. Reacción condicionada por el subconsciente.

Autosabotaje. Acto de detener tu avance personal por un miedo disfrazado de razón.

Ayurveda. Basada en los textos Védicos, es la medicina ancestral de la India. Busca la sanación a través de la limpieza, desintoxicación y balance de los elementos del Ser con su entorno.

Biomagnetismo. Ciencia médica desarrollada en México por el Dr. Isaab Goiz Durán, que a través del uso de magnetos de alta carga genera campos electromagnéticos capaces de variar el PH de una célula.

Budismo. Filosofía de lógica epistemológica que busca la liberación o cese del sufrimiento humano. Comienza a partir de la historia de Gautama Buda, príncipe que dejó sus posesiones materiales para ir en busca de la liberación.

Camino del corazón. Tradición chamánica que alude al amor como vehículo de evolución.

Campos morfogenéticos. Campos de quantum reconocibles por la física cuántica que inciden en la consciencia colectiva, individual y la percepción terrestre.

Chamán. Ser humano que se dedica a la sanación a través de la interconexión de las dimensiones. *Sinónimo: hombre o mujer de medicina.*

Cocrear. Acto de materializar, modificando el subconsciente y dimensiones espirituales de forma voluntaria con el fin de una manifestación consciente. Implica la coherencia entre *Dharma* o misión - palabra, emoción y acción dirigida.

Compasión. Amor sin condicionamientos. *Sinónimo: empatía.*

Cosmovisión. La forma en que interpretamos la vida compuesta por un conjunto de creencias condicionadas.

Cuerpos del Ser. Los diversos aspectos del ser humano que comprenden lo físico, mental, emocional, energético y espiritual. *Sinónimo: Koshas.*

Dharma. Misión del alma, camino.

Dialéctica. Técnica de la conversación argumentada. *Sinónimo: comunicación.*

Diálogo mental. Pensamientos.

Dimensiones. Espacios sutiles de la materia que coexisten e infieren en la percepción de la realidad. *Sinónimo: Bardos (budismo), Inframundos (culturas ancestrales mesoamericanas y egipcias).*

Dios. Gran Espíritu, Consciencia, Energía Universal. Para fines de este libro, conceptos que hagan alusión al Gran Misterio.

Disociación. Estado de percepción dividida en varios puntos de concentración.

Drávidas. Cultura ancestral del sur de la India que se caracterizó por dar nacimiento a diferentes lenguas madres y grupos étnicos, a partir de la cual nacen los Vedas.

Ego. Sistema a través del cual percibimos la ilusión de una realidad, personalidad e historia condicionada. El ego cumple la función de permitirnos experimentar, nos protege y ayuda a aprender. En balance, el ego es muy positivo y funcional; en desbalance, genera creencias y pensamientos que nos autosabotean y nos hacen susceptibles a los factores de una enfermedad.

Espacio entre vidas. Dimensión a la cual accedemos tras la muerte, el trance o la hipnosis, en donde recordamos la memoria del alma.

Filosofía védica. Proviene de los Vedas, textos ancestrales de la India, escritos en sánscrito sobre teología y técnicas de introspección que son las bases de varias culturas, religiones y filosofías, como por ejemplo el hinduismo, budismo, jainismo y yoga, entre otros.

Física cuántica. Ciencia que estudia el comportamiento de las partículas subatómicas llamadas *Quantum*.

Flujo libre. Percepción sensorial de un movimiento energético asociado a la respiración.

Gran Espíritu. *Sinónimo: Dios, Universo, Energía Universal, Todo.*

Gurú. Vehículo que lleva de la oscuridad hacia la luz.

Herbolaria. Medicina tradicional con elementos de la naturaleza.

Hipnosis de Sanación®. Técnica de hipnosis desarrollada por Camila Healing® que promueve la capacidad de exploración consciente de nuestra percepción a través de la inducción de los 9 pasos.

Hipnosis terapéutica. Estado de trance focalizado con un objetivo de sanación. Del griego *hypnos* que significa sueño.

Hipnotizabilidad. Habilidad particular de cada practicante para entrar en el estado de hipnosis.

Holístico. De la raíz griega *holos* que significa entero, completo. Lo holístico hace alusión a una visión o enfoque integral que toma en cuenta todos los factores y dimensiones.

Inconsciente. Estado carente de libre albedrío.

Inducción. Técnica para entrar en el estado de trance hipnótico.

Inductor. Vehículo o medio a través del cual logramos la inducción al estado de trance hipnótico.

Insight. Nuevo entendimiento. *Sinónimo: claridad, visión interior.*

Kabbalah. Sistema de pensamiento que se refiere a enseñanzas esotéricas que derivan del judaísmo y otras líneas místicas.

Karma. Ley de causa y efecto que opera en el contexto del constante cambio, la no cesación de la materia y la interdependencia.

Karma Yoga. Dar a través de tu acción, sin esperar nada a cambio trascendiendo las motivaciones del ego.

Kinestesia. Percepción sensorial interna y mental, desde una sensación u emoción hasta la orientación. *Sinónimo: cinestesia.*

Kosha. Cuerpo, espacio o aspecto del Ser; físico, emocional, mental, espiritual, energético.

Medicina complementaria. Comprende las medicinas que están fuera del rango alopático, generalmente sus bases se encuentran en las medicinas naturópatas y de introspección de culturas ancestrales.

Meditación. Estado de consciencia de observación.

Metta Bhavana. Práctica budista de compartir conscientemente los beneficios de una buena práctica, el amor, paz y otras emociones positivas con los seres que sienten.

Multidimensional. Característica del *Quantum*, la partícula más pequeña de la materia, que estudia la física cuántica, tiene la capacidad de presentarse en múltiples dimensiones o niveles a la vez.

Nadi Sodhan. Respiración yóguica por la nariz, en la cual se tapa un lado nasal y se respira solo por el otro orificio o canal. Su beneficio es balancear, mejorar la concentración, centrar y calmar. *Sinónimo: respiración alterna*.

Neurofisiológico. La relación entre los fenómenos neuronales, biológicos y físicos.

Neuroplasticidad. Capacidad intrínseca de modificar conscientemente un camino o patrón neurológico. *Sinónimo: neuroprogramación*.

Operador. Es el practicante o, en casos, también el especialista o externo que facilita el proceso de hipnosis.

Paradigma. Creencia enraizada, percepción limitante. *Sinónimo: patrón, hábito, condicionamiento, pensamiento.*

Plasmar. Acción de materializar la consciencia a través de algún fluido.

Pratipaksha Bhavana. Técnica yóguica para educar la mente a pensar positivo y modificar pensamientos y percepciones de forma consciente.

Programación Neurolinguística (PNL). Método para trabajar un decreto u objetivo.

Progresión. Inferencia en hipnosis o premonición al futuro.

Proyectar. Imponer expectativas ante la realidad de forma consciente o inconsciente.

Recapitulación. Proceso de recordar todas las relaciones y personas que hemos conocido en esta vida observando su efecto en nuestra percepción.

Reencarnación. Fenómeno a través del cual un espíritu o alma toma una nueva forma.

Reinterpretar. Dar un nuevo significado.

Relajación. Estado de consciencia y neurofisiológico de paz y tranquilidad.

Respiración abdominal. También conocida como respiración completa yóguica. Se caracteriza por ser la respiración más profunda, siempre inhalando y exhalando por la nariz, expandiendo toda la columna y caja torácica para asegurar que los pulmones sean utilizados al cien por ciento de su capacidad.

Respiración de fuego. También conocida en yoga como *Kapalabhati*, es una respiración por la nariz rápida y constante. Se caracteriza por combinar una contracción abdominal que facilita la inhalación espontánea mientras mentalmente el practicante se concentra solo en exhalar rítmica y aceleradamente.

Sadhana. Práctica disciplinada con un objetivo espiritual.

Samkhya. Filosofía que nace del Rig Veda en India y es dualista. También conocida como la base del yoga y la metafísica de la realización. Consiste en un sistema que deriva a partir de la existencia de *Purusha*, la Consciencia y *Prakriti*, todo lo manifestado.

Samskaras. Memorias plasmadas en todos los Cuerpos del Ser que condicionan nuestra percepción. *Sinónimo: memoria celular, síntoma, creencia, código.*

Sanar. Soltar la tensión intrínseca que genera el mantener el pensamiento de una personalidad determinada a todos los niveles del Ser permitiéndoles que se conviertan en su mejor potencial de luz.

Sankalpa. Firme determinación de un propósito u objetivo.

Ser Interno. *Sinónimo: Ser Superior, consciencia, alma, espíritu.*

Síntoma. Cualquier percepción, no solo de los sentidos, sino también de la emoción, mente, y espíritu. *Sinónimo: manifestación*.

Sistema de creencias. Compendio de ideas particular a una persona o cultura que da forma a una perspectiva de la realidad. *Sinónimo: cosmovisión*.

Somatización. Materializar desde el pensamiento condicionado a la emoción y percepción física.

Subconsciente. Lo desconocido de nuestro Ser que condiciona nuestra percepción sensorial y memoria. Para objeto de este libro es todo aquel aspecto de lo desconocido de nuestra mente, memoria y percepción.

Sugestión. Sugerencia dirigida con una intención.

Sutras. Se refiere a enseñanzas, muchas veces del budismo u otras filosofías orientales.

Tanatología. Ciencia que estudia todos los fenómenos en torno a la muerte.

Tapping. Suaves golpecitos con 1, 2 o 3 dedos en puntos específicos que sirven de comando, desbloqueo y reprogramación bajo diversas técnicas terapéuticas.

Trance. Estado de consciencia y percepción modificada a través de diferentes métodos y con distintos propósitos.

Tríade. Tres cosas vinculadas entre sí. *Sinónimo: triada*.

Ujayi. Respiracion yóguica por la nariz que implica un suave sonido e intención en la garganta al inhalar y exhalar. Su beneficio es calmar y cicatrizar. *Sinónimo: respiración gutural.*

Vidas pasadas. Experiencias anteriores a esta encarnación que condicionan nuestra percepción actual. *Sinónimo: memoria celular.*

Vipassana. Técnica de meditación que enseñó Gautama Buda y significa «ver la realidad tal cual es».

Yoga. Técnicas de desarrollo multidimensional que aluden a la unión del Ser con el Todo. *Sinónimo: unión.*

Yoga Nidra. Estado de relajación consciente profundo que permite acceder al subconsciente. *Sinónimo: power nap.*

AGRADECIMIENTOS

Este libro está dedicado a todo el equipo de la
Fundación Healing Hypnosis y de Identity Lab.

A cada uno de los terapeutas, practicantes y pacientes de
Hipnosis de Sanación® en el mundo.

Agradezco especialmente a mi familia;
Carmen, Michelle y Robert Carter, Lolo Barba. A Xavier
Salazar y a su familia.
A Marta y Xavier, mis padres.
A Carlos Vizcaino.